When in Rome do as the Romans do

Liebe Leserin,

Claudia Hovermann

Englisch, Englisch, Englisch. In nahezu allen Unternehmen wird mittlerweile immer mehr Englisch gesprochen. Sie erhalten englische E-Mails, es werden Führungskräfte eingestellt, die außer einer sehr fremd klingenden Sprache nur Englisch sprechen. Und einige deutsche Konzerne sind sogar dazu übergegangen, Englisch als Konzernsprache einzuführen.

Das alles zeigt, welche Rolle die englische Sprache mittlerweile im Deutschen spielt. Darum haben wir dem Englischen einen umfangreichen Ratgeber gewidmet.

In diesem Ratgeber sind alle englischen Empfehlungen, Tipps und Musterformulierungen auf einem absolut topaktuellen Stand. Unsere Fachautoren sind alle Muttersprachler und in der Sekretärinnen-Weiterbildung tätig.

Das Fachwissen der „native speakers" war uns besonders wichtig. Denn getreu der Redewendung „When in Rome do as the Romans do" möchten wir, dass Sie richtiges Englisch sprechen, richtige britische oder amerikanische Briefe und E-Mails verfassen und Gäste empfangen, so wie die Geschäftspartner Ihres Chefs das erwarten. Es soll nicht auf den ersten Blick zu erkennen sein, dass Sie „eigentlich" eine andere Sprache sprechen. Na, wie wäre das?

„The Secretary's Handbook of Business English" soll Ihr neues Nachschlagewerk für die englische Geschäftskommunikation sein. Viel Spaß beim Nachschlagen in allen englischsprachigen Lebenslagen!

Es grüßt Sie herzlich

Ihre Claudia Hovermann

Claudia Hovermann

Der britische Geschäftsbrief
Die wichtigsten aktuellen Empfehlungen für Ihre englische Korrespondenz . . . 4
Gesamtform . . . 4
Besonderheiten im Briefkopf . . . 4
Adresse . . . 4
Abkürzungen . . . 6
Telefonnummern . . . 6
Bezugszeichen . . . 7
Datum . . . 7
Vermerk zu Zustellung und Bearbeitung . . . 7
Anschrift und Anrede des Empfängers . . . 8
Formelle Elemente des Brieftextes . . . 11
Der amerikanische Geschäftsbrief
Besonderheiten im Briefkopf . . . 12
Adresse . . . 12
Abkürzungen . . . 12
Telefonnummern . . . 14
Bezugszeichen . . . 14
Datum . . . 15
Vermerk zu Zustellung und Bearbeitung . . . 15
Anschrift und Anrede des Empfängers . . . 16
Betreffzeile . . . 19
Formelle Elemente des Brieftextes . . . 19
Ein- und Ausstiegssätze
Ein- und Ausstiegssätze in der Übersicht . . . 20
Abmahnung/Warning to an employee . . . 23
Absage (Antwort auf eine Absage)/ Rejection or cancellation: response . . . 23
Absage an einen Bewerber/Application rejected . . . 24
Absage einer Einladung/Turning down an invitation . . . 24
Anfrage/Inquiry . . . 24
Anfrage (Antwort auf eine Anfrage)/Inquiry: answer . . . 25
Angebot/Offer . . . 25
Angebot (Antwort auf ein Angebot)/Offer: answer . . . 25
Anruf/Follow-up after phone call . . . 26
Antwort (allgemein)/Reply (general) . . . 26
Auftragsbestätigung/Acknowledgement of an order . . . 25
Auskunft/Information . . . 27
Begleitschreiben Zusendung Unterlagen/ Cover letter for enclosures . . . 27
Begrüßung/Welcome . . . 28
Beratung/Advice . . . 28
Beschwerde/Complaint . . . 28
Beschwerde (Antwort)/Complaint answer . . . 29
Bestätigung/Acknowledgement, confirmation . . . 29
Bestätigung einer Kündigung/ Confirmation of termination of contract . . . 30
Bestellung/Order . . . 30
Bitte/Request . . . 30
Dank für Geschenk/Thank you for a gift . . . 31
Dank für Glückwünsche/Thank you for best wishes . . . 31
Dank für Hilfe/Appreciation/Thanks for help . . . 31
Dank für Kauf/Thanks for purchase . . . 32
Einladung/Invitation . . . 32
Einladung an die Mitarbeiter/Invitation to staff . . . 32
Entgegenkommen/Concessions . . . 33
Entschuldigung/Apology . . . 33
Fragen/Query . . . 34
Geburtstag/Congratulations on birthday . . . 34
Genesung/Get-well letter . . . 34
Geschäftsauflösung/Announcement of business closure . . . 35
Geschäftseröffnung/Announcement of opening . . . 35
Geschenk (Begleitbrief)/Cover letter for gift . . . 36
Gespräch (Bezug auf Gespräch)/Follow-up after talks . . . 36
Gratulation/Congratulations . . . 37
Gute Nachrichten/Announcing good news . . . 37
Hochzeit/Wedding correspondence . . . 37
Jahresanfang/New Year's letter . . . 38
Jubiläum/Congratulations anniversary . . . 38
Jubiläum (Mitarbeiter)/Congratulations staff anniversary . . . 38
Kondolenz/Sympathy, letter of . . . 39
Konflikt/Conflict and disagreement . . . 39
Kündigung/Termination of contract . . . 40
Lieferschwierigkeiten/Delivery problems . . . 40
Mahnung (1. Mahnung)/Collection letter: initial reminder . . . 41
Mahnung (2. Mahnung)/Collection letter: 2nd reminder . . . 41
Mahnung (3./letzte Mahnung)/Collection letter: final demand . . . 41
Mängelrüge/Complaint about quality . . . 42
Nachfrage zu einem Angebot/Offer, open questions . . . 42
Nachfrage zu einer Lieferung/Delivery, conditions . . . 42
Nachlieferung/Delivery, delayed . . . 43
Referenz/Reference and recommendation, letter of . . . 43
Schlechte Nachrichten/Announcing bad news . . . 43
Schreibfehler, Entschuldigung/ Misspelling, correction, apology for . . . 44
Seminarbestätigung/Seminar, confirmation of . . . 44
Service/Service . . . 44
Spendenanfrage/Fundraising letter . . . 45
Terminverschiebung/Postponing an appointment . . . 46
Umzug/Relocation . . . 46
Verspätung, Nachfrage/Delay, query . . . 47
Verspätung, Antwort/Delay, answer . . . 47
Vorschlag/Suggestion . . . 48
Vorstellungsgespräch, Einladung/Invitation to interview . . . 48
Vorstellungsschreiben/Introduction, letter of . . . 49
Weihnachtsgruß/Chrismas letter . . . 49
Werbebrief/Sales letter . . . 49
Zahlungseingang/Payment received . . . 50
Zusage/Acceptance . . . 50
Zusammenarbeit/Cooperation . . . 51
Zwischenbescheid, Bewerbung/Acknowledging job application . 51
Rund um Termine
So vereinbaren Sie Termine stilsicher und korrekt . . . 52
So schreiben Sie korrekte Briefe und E-Mails rund um Ihre Terminvereinbarungen . . . 52
Im Brief verwenden Sie formelles Englisch . . . 52
Formulierungen zur Terminvereinbarung - formelles Englisch . . . 53
Formelle Einladung zur Eröffnung einer neuen Filiale . . . 54
Absage auf eine Einladung zur Eröffnung einer Filiale . . . 55
Einladung zu einer Messe mit Faxantwort . . . 56
Einladung zu einer Tagung . . . 57
Absage einer bereits zugesagten Einladung . . . 58
Einladung eines Geschäftspartners zu einem Kick-off-Meeting . . . 59
Ankündigung einer Geschäftsreise . . . 60
Zimmerreservierung . . . 61
Achtung, Fehler vermeiden! . . . 62
Präpositionen rund um Terminabsprachen . . . 62
So weisen Sie auf Termine in der Zukunft hin . . . 62
Unterschiede der britischen und amerikanischen Rechtschreibung . . . 63
English on the phone
Hilfe für Profis und Einsteiger . . . 64
Sie rufen selbst an . . . 64
So melden Sie sich richtig . . . 64
So führen Sie Smalltalk . . . 65
So fragen Sie nach dem Namen . . . 66
Der Anrufer äußert seinen Wunsch, mit wem er gerne sprechen möchte . . . 67
Der gewünschte Ansprechpartner ist anwesend . . . 67
So reagieren Sie, wenn der Anrufer ungeduldig wird . . . 68
Ist der Anruf wirklich wichtig? . . . 68
Wie Sie auf Beschwerden reagieren . . . 70
Ihr Anrufer äußert verschiedene Beschwerden . . . 70
So reagieren Sie, wenn Sie den Anrufer nicht verstehen . . . 71
Wenn einer undeutlich spricht . . . 71
Wie Sie das Gespräch stilvoll beenden . . . 71
6 häufige Fehlerquellen für deutsche Muttersprachler . . . 72
So buchstabieren Sie international . . . 72
English on the phone – Das sollten Sie außerdem beachten . . . 72
Wichtiges Vokabular, das Sie immer parat haben sollten . . . 73
USA-Knigge
Wie locker sind die Amerikaner wirklich . . . 74
Abstand wahren . . . 74

Anrede . . . 74
Begrüßung . . . 75
Business-Lunch . . . 75
Einladungen, privat . . . 75
Kartengrüße . . . 76
Kleidung . . . 77
Pünktlichkeit . . . 77
Rauchen . . . 77
Restaurantbesuch . . . 78
Smalltalk . . . 79
Tischsitten . . . 79
Titel . . . 80
Trinkgeld . . . 80
Vorstellung . . . 81
Das Wichtigste im Überblick . . . 81

Kompakt-Knigge für Großbritannien
Begrüßung . . . 82
Körperabstand . . . 82
England ist nur ein Teil von Großbritannien . . . 82
Augenkontakt . . . 82
Seien Sie nicht zu direkt . . . 82
Der berühmte britische Humor . . . 82
Korrekter Umgang mit dem Besteck . . . 82
Pünktlichkeit . . . 82
„Stiff upper lip" . . . 82
Geschenk für die Gastgeberin . . . 83

Englische Berufsbezeichnungen von A-Z . . . 83
Britische und amerikanische Maßeinheiten . . . 85
Temperatur-Umrechnung
Fahrenheit-Celsius . . . 85
Wechselkurse
Wechselkurse für die Währungsumrechnung . . . 86
Buchstabieralphabete
Das britische Buchstabieralphabet . . . 87
Das amerikanische Buchstabieralphabet . . . 87
Weltzeitzonen
Die Weltzeitzonen: Wie viel Uhr ist es in ...? . . . 88
Hilfe bei der Beantragung eines Visums . . . 89
64 amerikanische und britische Musterbriefe für die wichtigsten Korrespondenzfälle

Abmahnung
Leiter Export an Mitarbeiterin im Ausland . . . 90
Leiter Export an Mitarbeiter . . . 91
Absage Geschäftstermin, Terminüberschneidung
Chef an Geschäftspartner in London . . . 92
Absage, Geschäftstermin, kurzfristige Vorstandssitzung
Chef an Geschäftspartner in London . . . 93
Absage auf Bewerbungen
Personalabteilung an Bewerber . . . 94, 95
Auftragsbestätigung nach Großbritannien
Mitarbeiterin Einkauf an britisches Unternehmen . . . 96
Auftragsbestätigung in die USA
Mitarbeiterin Einkauf an amerikanisches Unternehmen . . . 97
Auftragsbestätigung, ausführlich . . . 98
Begleitschreiben, Prospekt & Geschäftsbericht
Marketingleiterin an Kunden . . . 99
Begleitschreiben, Katalog & Preisliste (nach Anfrage)
Vertrieb an Kundin . . . 100
Beschwerdebrief, nach Veranstaltung
Sekretärin an Hotel in Großbritannien . . . 101
Beschwerdebrief, bei einer Fluggesellschaft
Sekretärin an Fluggesellschaft . . . 102
Bewerbungen, Assistentin-Teamassistant (USA), (Resumé) . . . 103
Bewerbung, Chefsekretärin-personal assistant (GB),
(Curriculum Vitae) . . . 104
Bewerbung, Anschreiben, Initiativbewerbung
Assistentin: Begleitbrief . . . 105
Bewerbung, Chefsekretärin auf Stellenanzeige . . . 106
Danksagung, persönliches Weihnachtsgeschenk
Chef an amerikanischen Geschäftspartner . . . 107
Danksagung, Dankschreiben für ein Weihnachtsgeschenk
Chefin an britische Geschäftspartner . . . 108
Dankschreiben, Weihnachtsgeschenke
Verkaufsleiterin an Geschäftspartner . . . 109
Verkaufsleiterin an Kunden . . . 110
Einladungen zum Jubiläum, 50. Firmenjubiläum
amerikanischer Vorstand an amerikanischen Geschäftspartner . . . 111
Einladungen zum Jubiläum, 25-jähriges Mitarbeiterjubiläum
Chef Finanzen an Mitarbeiter Finanzen . . . 112
Einladungen zum Sommerfest
Presseabteilung an Mitarbeiter . . . 113
amerikanisches Unternehmen an Kunden . . . 114
Einladung zum Vorstellungsgespräch
Personalleiter an Bewerberin . . . 115
Personalabteilung an Bewerberin . . . 116
Einladung zur Weihnachtsfeier
Personalleiterin an Mitarbeiter . . . 117
Kundenbetreuung an Mitarbeiter . . . 118
Entschuldigung für Lieferverzug (mit Erklärung)
amerikanisches Unternehmen an amerikanische Kundin . . . 119
Entschuldigung für Lieferverzug
amerikanisches Unternehmen an amerikanischen Kunden . . . 120
Geschäftsführer an Geschäftspartnerin . . . 121
Genesungswünsche
Vorgesetzter an Mitarbeiterin . . . 122
Personalleiterin an Mitarbeiterin . . . 123
Glückwunsch zum 20-jährigen Mitarbeiterjubiläum
Chef an Produktbetreuer . . . 124
Glückwunsch zum 10-jährigen Mitarbeiterjubiläum
Verkaufsteam an Vertreterin . . . 125
Geburtstagsbrief (runder Geburtstag)
Chef an gute Kundin . . . 126
Chef an Geschäftspartner . . . 127
Gratulation zur Hochzeit
Kollegen an Kollegin . . . 128
Gratulation zur Verlobung
Kollegen an Kollegin und Partner . . . 129
Kondolenzbrief, Geschäftspartner verstorben
Vorstand an Witwe des verstorbenen Geschäftspartners . . . 130
Kondolenzbrief, Ehefrau eines Geschäftsfreundes gestorben
amerikanischer Chef an Geschäftsfreund . . . 131
Mitteilungen, hausintern (mit Anweisungen)
Sicherheitschef an Mitarbeiter . . . 132
Mitteilungen, hausintern (mit Bitte um Rückmeldung)
Personalabteilung an Mitarbeiter . . . 133
Neujahrsgrüße
Geschäftsführerin an Geschäftspartner . . . 134
Geschäftsführer an Geschäftspartnerin . . . 135
Personalwechsel (New Managing Director)
Geschäftsführung an Geschäftspartnerin . . . 136
Personalwechsel
Geschäftsführung an Mitarbeiter . . . 137
Ruhestand, Verabschiedung
Geschäftsführer an Abteilungsleiterin Controlling . . . 138
Geschäftsführer an Leiter Personalabteilung . . . 139
Terminbestätigung
Produktmanagerin an Geschäftsführer . . . 140
Geschäftsführer an Vorstand . . . 141
Urlaub, Abwesenheit, Betriebsferien
Servicecenter an Kunden . . . 142
Vertrieb an Kunden . . . 143
Weihnachtsbriefe an Kunden und Geschäftspartner . . . 144–147
Zahlungserinnerung
italienischer Weinexporteur an britischen Kunden . . . 148
Vertriebsleiterin an britische Kunden . . . 149
Zeugnis Chefsekretärin . . . 150
Zeugnis Teamassistentin . . . 151
Zwischenbescheid, Bewerbung
kanadisches Unternehmen an deutsche Bewerberin . . . 152
amerikanisches Unternehmen an deutsche Bewerberin . . . 153

Der britische Geschäftsbrief 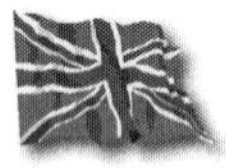

Die wichtigsten aktuellen Empfehlungen für Ihre englische Korrespondenz

Sie erhalten auf den nächsten Seiten konkrete Tipps zur korrekten formalen Gestaltung Ihrer englischen Briefe. Sie müssen dabei zwischen dem britischen und dem amerikanischen Format unterscheiden.

Das britische Format ist traditionell für englischsprachige Briefe in der ganzen Welt gebräuchlich. Das hat mit dem weltweiten Einfluss der einstigen Kolonialmacht Großbritannien zu tun. Nur in den USA und ihren Einflussgebieten orientiert man sich am amerikanischen Format.

Für Ihre Korrespondenz mit amerikanischen Firmen wählen Sie das in den USA übliche Format, für alle anderen Briefe das britische.

Geschäftsbriefe im britischen Format

Jegliche Korrespondenz, die Sie mit Großbritannien führen, wird im britischen Format geschrieben. Die größten formalen Unterschiede zum USA-Format existieren

- in der Schreibweise von Datum und Adresse,
- in der Anrede des Empfängers und der Grußformel und
- in der Anordnung der einzelnen formalen Blöcke (Datum, Betreffzeile und Bezugszeichen).

Sekada❖ empfiehlt: Britisches Englisch und amerikanisches Englisch unterscheiden sich auch in der Schreibweise bestimmter Wörter voneinander. Das können Sie leicht prüfen, indem Sie die Sprachfunktion Ihres Korrekturprogramms auf Englisch/Großbritannien oder Englisch/USA einstellen.

Briefstruktur

1. Briefkopf
2. Bezugszeichen (AA/BB)
3. Datum (Tag – Monat – Jahr)
4. Anschrift
5. Anrede (mit oder ohne Komma)
6. Betreffzeile
7. Brieftext
8. Grußformel (mit oder ohne Komma)
9. Firma
10. Unterschrift
11. ausgeschriebener Name
12. Position
13. Anlagevermerk
14. Verteiler

Gesamtform

Alle Zeilen fangen am linken Rand an. Die erste Zeile der einzelnen Absätze wird nicht eingerückt.

Um Ihren Brief optisch aufzulockern, lassen Sie zwischen den Abschnitten jeweils eine Zeile frei und schreiben im Flattersatz genauso, wie Sie es in der deutschen Korrespondenz handhaben.

Besonderheiten im Briefkopf

Adresse

Die Hausnummer steht vor dem Straßennamen. Darunter steht die Stadt oder auch der Stadtteil, gefolgt von der Postleitzahl.

In Großbritannien wird nach Großstädten – wie in unserem ersten Musterbrief Norwich – nur noch die Postleitzahl (*britisch: post code*) mit angegeben, bei kleineren Orten folgt nach der Stadt noch die Grafschaft (*county*). Die britische Post empfiehlt, Ort und Postleitzahl in Großbuchstaben zuschreiben.

Blackstone Multimedia Ltd
128 Harrow Road
Norwich
NR1 4BZ
(1) *United Kingdom*
Tel.+44 (0) 2775 436 430
Fax +44 (0) 2775 436 431
E-mail: Evans@blackstone.com
www.blackstone.com

(2) JE/SR
(3) 14 March 20..
Ʌ
Ʌ
New World Education, Inc
Ms Amanda Lewis
(4) 1267 Connecticut Avenue, NW
Washington, DC 20716
USA
Ʌ
Ʌ
(5) Dear Ms Lewis
Ʌ
(6) Your order No 357/00 of 2 March for 25 AVP-500 audio-vision projectors
Ʌ
(7) Thank you for the above-mentioned order which has been sent to our Despatch Department and will be processed within the next few days. We can promise to have the consignment ready for despatch by the end of the month at the latest. Please find enclosed the details of delivery.

Under separate cover you will receive twenty-five AVP-500 manuals with complete information on the installation and applications of this versatile model. As you know, we are currently developing new software for the AVP-500. Mr Alec Longman, our technical support manager for the East Coast, will be glad to advise you regarding the applications and to send technical staff to assist you. You can contact him at our New York office at telephone (212) 487-9720, or via e-mail at Longman@blackstone.com.

We trust the goods will arrive in good condition. We hope the AVP-500 will give you many years of good service and look forward to the pleasure of serving you again.
Ʌ
(8) Yours sincerely
Blackstone Multimedia Ltd (9)
Ʌ
(10) *Julia Evans*
Ʌ
(11) Julia Evans
Managing Director (12)
Ʌ
Ʌ
Enc: General Conditions of Sale (13)
(14) cc: Alec Longman, Technical Support Manager USA/East Coast

Abkürzungen

Die Straßenangaben werden nicht abgekürzt. Schreiben Sie deshalb

Street
Road
Avenue

Falls Sie Briefe, bei denen die Grafschaft abgekürzt ist, erhalten, hier eine Übersicht über einige ausgewählte Abkürzungen und die dazugehörigen ausgeschriebenen Namen:

Abkürzungen für Grafschaften in England und Wales

Abkürzung	Grafschaft	Abkürzung	Grafschaft
Beds	Bedfordshire	Northants	Northamptonshire
Berks	Berkshire	Northd	Northumberland
Bucks	Buckinghamshire	Notts	Nottinghamshire
Cambs	Cambridgeshire	Oxon	Oxfordshire
Glos	Gloucestershire	Shrops/Salop	Shropshire
Hants	Hampshire	S Glam	South Glamorgan
Herts	Hertfordshire	Staffs	Staffordshire
Lancs	Lancashire	W Glam	West Glamorgan
Leics	Leicestershire	Wilts	Wiltshire
Lincs	Lincolnshire	Worcs	Worcestershire
M Glam	Mid Glamorgan	Yorks	Yorkshire
Middx	Middlesex		

Quelle: Birgit Abegg/Michael Benford: Communication for Business. Lehrbuch, Max Hueber Verlag 1999, S. 273 f.

Telefonnummern

Die internationale Vorwahl *(international access code* oder *country code*) wird nur bei der internationalen Korrespondenz angegeben, die Vorwahl (*area code*) steht hingegen immer dabei. Der Zugangscode für Ferngespräche ist von Land zu Land unterschiedlich, daher lassen Sie ihn weg. In Großbritannien ist er wie in Deutschland 0.

So würden Sie in unserem Fallbeispiel die im Musterbrief angegebene Filiale anwählen:

Anwahl	Blackstone Multimedia, Norwich/GB
innerhalb des Landes	0 2 775 436 430
von Deutschland aus	00 44 2 775 436 430

Bezugszeichen

Die Initialen von Verfasser und Sekretärin stehen in dieser Schreibweise am Anfang des Briefs: *VV/SS*

Diese Regelung ist nicht zwingend, und Sie können sie flexibel handhaben. In vielen englischsprachigen Briefen, sowohl in Großbritannien als auch in den USA, finden Sie auch diese Variante:

Your ref: Inq.VV/787 / Our ref: DR/67

So könnte im englischsprachigen Brief eine Bezugszeile aussehen.

Diese Bezugszeichen werden entweder unter die Anschrift mit dem Datum in eine Zeile gesetzt oder als Block rechts neben die Anschrift geschrieben. Wenn Ihr Geschäftsbogen also eine entsprechende Stelle für Bezugszeichen vorsieht, schreiben Sie diese dort hin.

Datum

In Großbritannien schreibt man das Datum in der Reihenfolge Tag – Monat – Jahr.

Datum	GB
zeitgemäß	21 June 20..
traditionell	21st June 20..

Schreibweise und Position des Datums

Heute verzichten Sie im Geschäftsbrief auf die traditionelle, aber umständliche Schreibweise *1st, 2nd, 3rd, 4th* und auf die ausführliche Form *the 10th of June* zugunsten einer einfachen Schreibweise ohne Punkte: *10 June 20..*

Im Geschäftsbrief steht das Datum am linken Rand, im Privatbrief am rechten. Wenn Sie das Datum in eine Zeile mit den Bezugszeichen setzen, steht es rechts.

Vermerk zu Zustellung und Bearbeitung

Wenn Sie einen Vermerk zu Zustellung und Bearbeitung (*special markings*) machen, etwa einen vertraulichen Brief als solchen ausweisen wollen, schreiben Sie *confidential* oberhalb der Adresse an den oberen Rand des Fensterbereichs, sodass er im Fenster des Briefumschlags sichtbar ist.

So eindeutige Regelungen wie im Deutschen (DIN 5008) gibt es für den englischen Geschäftsbrief nicht. Es ist nirgendwo festgelegt, ob der Zustellungsvermerk fett, unterstrichen oder mit einer Leerzeile Abstand zur Adresse steht.

Sekada❖ empfiehlt: Setzen Sie den Versendungsvermerk mit einer Leerzeile Abstand zur Adresse, und schreiben Sie ihn weder fett, noch unterstreichen Sie ihn.

Übersicht über Vermerke zu Zustellung und Bearbeitung			
Eilsendung/Eillieferung	Express/Express delivery	Nachsenden	Please forward/ to be forwarded
Eilt/Dringend	Urgent	Per Fax und Briefpost gesandt	Faxed and posted
Einschreiben	Registered/registered post/registered mail	Persönlich	Personal
Falls unzustellbar, bitte zurück an Absender	If undelivered, please return (to sender)	Persönlich/Privat	Private
Luftpost	Airmail	Überbringung per Boten	By Courier
		Vertraulich	Confidential

Anschrift und Anrede des Empfängers

So schreiben Sie Empfänger korrekt an:

Anrede	Abkürzung
Fräulein (im Geschäftsbrief unüblich)	Miss
Frau (verheiratet)	Mrs
Frau (ohne Angabe des Familienstands; moderne Geschäftsanrede)	Ms
Herr	Mr
Herren	Messrs
Herr oder Frau Doktor	Dr
Herr oder Frau Professor Dr.	Professor

Unterschiedliche Anreden für Frauen

Für Frauen können Sie zwischen den Anredeformen *Miss, Mrs* und *Ms* wählen.

In der Regel schreiben Sie *Ms*. Die Anrede *Ms* hat sich von den USA aus in der gesamten englischsprachigen Geschäftswelt durchgesetzt. Wenn Sie nicht wissen, ob Ihre Ansprechpartnerin verheiratet ist, benutzen Sie am besten *Ms*.

So machen Sie deutlich, wie Sie selbst angeredet werden möchten

Nicht jede verheiratete Frau möchte auf die Anredeform „Mrs" verzichten. Sie selbst können die Anredeform, die Sie bevorzugen, im eigenen Brief angeben. Dazu schreiben Sie die entsprechende Angabe unter Ihre Unterschrift hinter Ihren ausgeschriebenen vollen Namen in Klammern, etwa: Julia Evans (Mrs).

Sekada✤ empfiehlt: Wenn Sie mit Partnern außerhalb Europas korrespondieren, empfehlen wir Ihnen prinzipiell, bei der Unterschrift *Ms/Mrs/Miss/Mr* in Klammern hinter dem Namen mit anzugeben. Ihre Partner werden sonst nicht immer aus dem deutschen Namen erkennen können, ob es sich um einen Mann oder eine Frau handelt. Wenn Sie also *Rainer Maria Rilke (Mr)* schreiben, machen Sie Ihren Partnern das Antworten einfacher.

Sehr geehrte Damen und Herren

Die englische Variante für „Sehr geehrte Damen und Herren" lautet: *Dear Sir or Madam.*

Die richtige Anrede mit Titeln

Im Englischen wird immer nur der bedeutendste Titel verwandt.

Beispiel: Frau Doktor Marianne Brown
Anschrift: *Dr Marianne Brown*
oder *Marianne Brown, PhD*
Anrede: *Dear Dr Brown*

Beispiel: Herr Professor Dr. Joseph Schubert
Anschrift: *Professor Joseph Schubert*
Anrede: *Dear Professor Schubert*

Akademische Diplom- und Magistertitel

Im englischsprachigen Raum ist man nicht so versessen auf die Nennung von Diplom- oder Magistertiteln wie in Deutschland. Sie werden bei der Anschrift sehr selten und bei der Anrede nie genannt.

Wenn Sie den Titel in der Anschrift angeben wollen, dann folgt er dem Namen mit einem Komma dazwischen.

Beispiel: *Ben Marconi, MBA.*

Öffentliche Würdenträger werden mit *Mr/Madam* und ihrem Amtstitel angeredet.

Beispiel: der amtierende deutsche Außenminister Guido Westerwelle
Anschrift: *Foreign Secretary Guido Westerwelle*
Anrede: *Dear Mr Secretary* – ohne Namen

Die ehemalige amerikanische Sicherheitsberaterin Condoleeza Rice wird mit *Dear Madam Security Advisor* angeredet, der aktuelle amerikanische Sicherheitsberater James Jones mit *Dear Sir Security Advisor.*

Achtung! *Madam* wird ohne „e" geschrieben; eine *Madame* mit „e" ist eine Bordell-Besitzerin.

Korrekte Anreden mit Titel oder Berufsbezeichnung in der Übersicht

Name/Bezeichnung	Anschrift	Anrede
Professor Dr. Joseph Schubert	Professor Joseph Schubert	Dear Professor Schubert
Ben Marconi, MBA	Mr Ben Marconi	Dear Mr Marconi
Guido Westerwelle	Foreign Secretary Guido Westerwelle	Dear Mr Secretary
James Jones	National Security Advisor James Jones	Dear General Jones

Anrede und Grußformel

Hier gilt die gleiche Regel wie im Deutschen: Der Adressat wird möglichst namentlich angesprochen, zum Beispiel *Dear Mr Evans,* und die Grußformel lautet dann *Yours sincerely.* Sollte der Name unbekannt sein, behilft man sich in Großbritannien mit *Dear Sir or Madam* und schließt mit *Yours faithfully.*

Nur in der förmlichsten britischen Korrespondenz der alten Schule finden Sie noch die Anrede *Dear Sir* oder *Dear Madam,* wenn der Adressat einem namentlich bekannt ist. In diesem Fall ist die Grußformel dann auch *Yours faithfully.*

Wir raten Ihnen aber davon ab, diese altmodische Form zu benutzen.

Übersicht über mögliche Anrede- und Grußkombinationen		
Format/Anlass	**Anrede**	**Grußformel**
GB/förmlich, Name unbekannt		Yours faithfully
Firma (z. B. Aufsichtsrat)	Dear Sirs	
Mann oder Frau	Dear Sir or Madam	
Mann	Dear Sir	
Frau	Dear Madam	
GB/förmlich, altmodisch, Name bekannt	Dear Sir Dear Madam	Yours faithfully
GB/förmlich, Name bekannt	Dear Ms Lewis	Yours sincerely Yours truly
GB/informell	Dear Amanda	Regards Best regards Best wishes

Komma oder kein Komma nach Anrede und Grußformel?

In der britischen Korrespondenz stehen nach Anrede und Grußformel keine Zeichen. Das nennt sich *open punctuation.* Bei informellen Briefen gleichen sich hingegen die beiden Formate: Sie setzen nach Anrede und Grußformel jeweils ein Komma und schreiben danach groß weiter.

Bekanntlich gibt es im Englischen keinen Unterschied zwischen „Du" und „Sie". Dennoch unterscheiden Sie in englischsprachigen Ländern sehr wohl zwischen formellen und informellen, unpersönlichen und persönlichen Beziehungen. Die Anrede mit Vor- oder Nachnamen ist dabei nur die Spitze des Eisbergs. Der angelsächsische Verhaltenskodex verfügt über eine ausgeprägte Höflichkeitskultur, die sich spezieller Sprachformeln bedient. In Großbritannien sind die Grußformeln strikt an die jeweilige Anrede gebunden.

Mann oder Frau? So finden Sie es heraus

Wenn Sie sich unsicher sind, welches der Vor- und welches der Nachname ist und ob es sich um einen Mann oder eine Frau handelt, hilft nur die Flucht nach vorn. Wir raten Ihnen zu folgender Formulierung:

> *Dear Sir or Madam, I am very sorry, but I need to enquire whether Hua is your first or your last name. Could you also possibly please tell me whether that is a man's or a woman's name? I certainly would not wish to get it wrong. Thank you very much!*

Das ist nicht ideal, aber besser, als permanent mit einem Missverständnis zu leben – denn Ihr asiatischer Korrespondenzpartner wird Sie nicht aufklären, da er Ihnen einen möglichen Gesichtsverlust ersparen will.

Betreffzeile

Die Betreffzeile steht nach der Anrede und wird unterstrichen oder in Großbuchstaben geschrieben.

<u>Your Order No 357/00 of 2 March for 25 AVP-500 Audio-Visual Projectors</u>

Formelle Elemente des Brieftextes

1. Im Deutschen wird nach der Anrede klein weitergeschrieben. Im englischen Geschäftsbrief ist das anders. Es geht nach der Anrede groß weiter.

2. In englischen Fließtexten ist häufig zu sehen, dass Absätze eingerückt werden. Dies ist im Brief nicht der Fall. Absätze werde nicht eingerückt.

Anlagen

Sie geben an, ob dem Brief eine Anlage (*Enclosure/Enc*) oder mehrere Anlagen (*Enclosures/Encs*) beigelegt werden, und führen die Anlagen einzeln auf. Wir haben für Sie die typischen Formulierungen für Anlagen zusammengestellt:

Übersicht über typische Angaben für Anlagen – britisch

Deutsch	Englisch
Auszug/Kontoauszug	statement (of account)
aktuelle ...	current ...
allgemeine Verkaufsbedingungen	general conditions of sale
Anweisungen	directions
Ausschreibungsunterlagen	tender documents
Bericht	report
Bestellformular(e)	order form(s)
Bewerbungsformular	application form
Empfehlungsschreiben	letter of recommendation
Führer	guide
Garantie	warranty
Garantie, Bürgschaft	guarantee
Handzettel	flyer
in doppelter, dreifacher Ausführung	in duplicate, triplicate
Katalog	catalogue
Lage-/Stadtplan	map
Lebenslauf	CV = curriculum vitae
Preisliste(n)	price list(s)
Pro-forma-Rechnung	pro-forma invoice
Prospekt	brochure (üblich), prospectus (technische Beschreibung)
Prospekt/Kurzprospekt	leaflet
Quittung	receipt
Rechnung	invoice
Scheck	cheque
Verkaufsliteratur, Prospektmaterial	descriptive literature
Veröffentlichung, auch interne	publication
Zeitplan	schedule

Wenn Sie mehr als eine Anlage haben, führen Sie diese wie in Deutschland untereinander auf.

Beachten Sie: Eine Art DIN 5008 gibt es für englische Briefe nicht. Es ist deshalb auch nirgendwo festgelegt, wie groß der Abstand zwischen Unterschriftenblock und Anlageverzeichnis ist.

Sekada❖ empfiehlt, ein bis zwei Leerzeilen zwischen Unterschriftenblock und Anlageverzeichnis zu lassen.

Kopien/Verteiler

Das englische Wort *carbon copy* bedeutet Durchschlag. Die griffige Abkürzung *cc* (klein und ohne Punkt) hat sich gehalten. Sie können aber auch *copy* oder *copies* schreiben.

Der amerikanische Geschäftsbrief

Der typische amerikanische Geschäftsbrief hat die folgende Briefstruktur

1. Briefkopf
2. Datum (Monat, Tag, Jahr)
3. Anschrift
4. Anrede (mit Doppelpunkt)
5. Betreffzeile (mit oder ohne „Re:")
6. Brieftext
7. Grußformel (mit Komma)
8. Firmenname
9. Unterschrift
10. ausgeschriebener Name
11. Position
12. Anlagevermerk
13. Verteiler
14. Bezugszeichen (AA:bb)

Besonderheiten im Briefkopf

Adresse

Die Hausnummer steht vor dem Straßennamen. Darunter steht die Stadt oder auch der Stadtteil, gefolgt von der Stadt.

Nach der Stadt steht immer der Staat (*state*) und dahinter die Postleitzahl (*USA: zip code*).

Abkürzungen

Straßenangaben werden gerne abgekürzt: St (*Street*), Rd (*Road*) und Ave (*Avenue*).

Sekada❖ empfiehlt: Schreiben Sie Abkürzungen im Brief ohne Punkt.

Diese Regel wird im englischsprachigen Raum allerdings nicht konsequent eingehalten. Sie finden zum Beispiel „Mr" neben „Mr." und „NY" neben „N. Y.".

Besonders bunt treiben es die Amerikaner, die ab und zu selbst in ein und derselben Anschrift Abkürzungen mit und ohne Punkt unterbringen, etwa die Abkürzung „NW" für Northwest neben „Washington, D. C.", der allgemein üblichen Schreibweise der US-Hauptstadt.

Sekada❖ empfiehlt: Schreiben Sie „DC" ohne Punkte; damit folgen Sie den neueren Empfehlungen in der Handelskorrespondenz zur Abkürzung von Staaten.

(1)
Blackstone Multimedia Inc.
145 East 44th St
New York, NY 10017
USA
Tel.+(212) 487-9720
Fax +(212) 487-8357
E-mail: Longman@blackstone.com
www.blackstonemed.com

(2) April 25, 20..

New World Education, Inc
(3) Ms Amanda Lewis
1267 Connecticut Ave, NW
Washington, DC 20716
USA

(4) Dear Ms Lewis:

(5) **Delivery of manuals for 25 AVP-500 multimedia projectors**

(6) Thank you for your letter of April 17. We apologize for the delay in delivery of owner-manuals that should have accompanied the projectors that were recently delivered to you. Unfortunately, due to an unexpectedly high demand for our AVP-500 projectors we have temporarily run out of printed manuals. We expect the reprinted manuals by the end of the week and will send you the consignment as soon as they arrive. In the meantime, we are sending you the CD version with the full manual text, under separate cover.

Enclosed you will find a brochure describing the applications of the new AVP-500 multimedia software which we will be introducing shortly.

We apologize for any inconvenience you may have been caused by this delay. We assure you that we will make every effort to fulfil your orders promptly in the future and look forward to the pleasure of serving you again.

(7) Yours sincerely,
(8) Blackstone Multimedia Inc.

(9) Alec Longman

Alec Longman (10)
(11) Technical Support Manager USA/East Coast

Enclosure: Brochure (12)
(13) Copy: Julia Evans, VP Sales
AL:ah (14)

Abkürzungen für Staaten in den USA

Staat	Abkürzung	Staat	Abkürzung
Alabama	AL	Missouri	MO
Alaska	AK	Montana	MT
Arizona	AZ	Nebraska	NE
Arkansas	AR	Nevada	NV
California	CA	New Hampshire	NH
Colorado	CO	New Jersey	NJ
Connecticut	CT	New Mexico	NM
Delaware	DE	New York	NY
District of Columbia	DC	North Carolina	NC
Florida	FL	North Dakota	ND
Georgia	GA	Ohio	OH
Hawaii	HI	Oklahoma	OK
Idaho	ID	Oregon	OR
Illinois	IL	Pennsylvania	PA
Indiana	IN	Rhode Island	RI
Iowa	IA	South Carolina	SC
Kansas	KS	South Dakota	SD
Kentucky	KY	Tennessee	TN
Louisiana	LA	Texas	TX
Maine	ME	Utah	UT
Maryland	MD	Virginia	VA
Massachusetts	MA	Washington	WA
Michigan	MI	West Virginia	WV
Minnesota	MN	Wisconsin	WI
Mississippi	MS	Wyoming	WY

Quelle: Birgit Abegg/Michael Benford: Communication for Business. Lehrbuch, Max Hueber Verlag 1999, S. 273 f.

Telefonnummern

Die internationale Vorwahl (*international access code* oder *country code*) wird nur bei der internationalen Korrespondenz angegeben, die Vorwahl (*area code*) steht hingegen immer dabei. Der Zugangscode für Ferngespräche ist von Land zu Land unterschiedlich, daher lassen Sie ihn weg. In den USA ist der Zugangscode die 1.

So würden Sie in unserem Fallbeispiel die im Musterbrief angegebene Filiale anwählen:

Anwahl	Blackstone Multimedia, New York/USA
innerhalb des Landes	01 212 487 9720
von Deutschland aus	00 1 212 487 9720

Bezugszeichen

Im US-Format stehen die Initialen von Verfasser und Sekretär in der Schreibweise *VV:ss* am Briefende.

Diese Regelung ist nicht zwingend, und Sie können sie flexibel handhaben. In vielen englischsprachigen Briefen sowohl in Großbritannien als auch in den USA finden Sie auch diese Variante:

Your ref: Inq.VV/787 / Our ref: DR/67

Diese Bezugszeichen werden entweder unter die Anschrift mit dem Datum in eine Zeile gesetzt oder als Block rechts der Anschrift gesetzt. Wenn Ihr Geschäftsbogen also eine entsprechende Stelle für Bezugszeichen vorsieht, schreiben Sie diese dort hin.

Datum

In den USA gilt die Reihenfolge Monat – Tag – Jahr. Diese Umkehrung kann leicht zu Verwechslungen führen. Wir empfehlen daher, den Monat immer auszuschreiben.

Datum	USA
zeitgemäß	June 21, 20..
traditionell	June 21st 20..

Schreibweise und Position des Datums

Ein Komma trennt den Tag vom Jahr: *June 10, 20...*

Im Geschäftsbrief steht das Datum am linken Rand, im Privatbrief am rechten. Wenn Sie das Datum in eine Zeile mit den Bezugszeichen setzen, steht es rechts.

Vermerk zu Zustellung und Bearbeitung

Wenn Sie einen Vermerk zur Zustellung und Bearbeitung (*special markings*) machen, etwa einen vertraulichen Brief als solchen ausweisen wollen, schreiben Sie *confidential* oberhalb der Adresse an den oberen Rand des Fensterbereichs. Achten Sie darauf, dass er im Fenster des Briefumschlags sichtbar ist.

So eindeutige Regelungen wie im Deutschen (DIN 5008) gibt es für den amerikanischen Geschäftsbrief nicht. Es ist nirgendwo festgelegt, ob der Zustellungsvermerk fett, unterstrichen oder mit einer Leerzeile Abstand zur Adresse steht.

Sekada❖ empfiehlt: Setzen Sie den Versendungsvermerk mit einer Leerzeile Abstand zur Adresse und schreiben Sie ihn weder fett noch unterstreichen Sie ihn.

Übersicht über Vermerke zu Zustellung und Bearbeitung

Deutsch	Englisch
Eilsendung/Eillieferung	Express/Express delivery
Eilt/Dringend	Urgent
Einschreiben	Registered/registered post/registered mail
Falls unzustellbar, bitte zurück an Absender	If undelivered please return (to sender)
Luftpost	Airmail
Nachsenden	Please Forward/to be forwarded
Per Fax und Briefpost gesandt	Faxed and posted
Persönlich	Personal
Persönlich/privat	Private
Überbringung per Boten	By Courier
Vertraulich	Confidential

Anschrift und Anrede des Empfängers

In Anschrift und Anrede wird der Empfänger folgendermaßen angeschrieben:

Anrede	Abkürzung
Fräulein (im Geschäftsbrief unüblich)	Miss
Frau (verheiratet)	Mrs
Frau (ohne Angabe des Familienstands; moderne Geschäftsanrede)	Ms
Herr	Mr
Herren	Messrs
Herr oder Frau Doktor	Dr
Herr oder Frau Professor Dr.	Professor

Unterschiedliche Anreden für Frauen

Für Frauen können Sie zwischen den Anredeformen *Miss*, *Mrs* und *Ms* wählen.

In der Regel schreiben Sie *Ms*. Die Anrede *Ms* hat sich von den USA aus in der gesamten englischsprachigen Geschäftswelt durchgesetzt. Wenn Sie nicht wissen, ob Ihre Ansprechpartnerin verheiratet ist, benutzen Sie am besten *Ms*.

So machen Sie deutlich, wie Sie selbst angeredet werden möchten

Nicht jede verheiratete Frau möchte jedoch auf die Anredeform *Mrs* verzichten. Sie selbst können die Anredeform, die Sie bevorzugen, im eigenen Brief angeben. Dazu schreiben Sie die entsprechende Angabe unter Ihre Unterschrift hinter Ihren ausgeschriebenen vollen Namen in Klammern, etwa: *Julia Evans (Mrs)*.

Sekada❖ empfiehlt: Wenn Sie mit Partnern außerhalb Europas korrespondieren, empfehlen wir Ihnen prinzipiell, bei der Unterschrift *Ms/Mrs/Miss/Mr* in Klammern hinter dem Namen mit anzugeben. Ihre Partner werden sonst nicht immer aus dem deutschen Namen erkennen können, ob es sich um einen Mann oder eine Frau handelt. Wenn Sie also *Rainer Maria Rilke (Mr)* schreiben, machen Sie Ihren Partnern das Antworten einfacher.

Die richtige Anrede mit Titeln

Im Englischen wird immer nur der bedeutendste Titel verwandt.

Beispiel: *Frau Doktor Marianne Brown*
Anschrift: *Dr Marianne Brown* oder *Marianne Brown, PhD*
Anrede: *Dear Dr Brown*

Beispiel: *Herr Professor Dr. Joseph Schubert*
Anschrift: *Professor Joseph Schubert*
Anrede: *Dear Professor Schubert*

Akademische Diplom- und Magistertitel

Im englischsprachigen Raum ist man nicht so versessen auf die Nennung von Diplom- oder Magistertiteln wie in Deutschland. Sie werden bei der Anschrift sehr selten und bei der Anrede nie genannt.

Wenn Sie den Titel in der Anschrift angeben wollen, dann folgt er dem Namen mit einem Komma dazwischen.

Beispiel: *Ben Marconi, MBA.*

Öffentliche Würdenträger werden mit *Mr/Madam* und ihrem Amtstitel angeredet.

Beispiel: der amtierende deutsche Außenminister Guido Westerwelle
Anschrift: *Foreign Secretary Guido Westerwelle*
Anrede: *Dear Mr Secretary* – ohne Namen

Die frühere amerikanische Außenministerin Madeleine Albright hieß in der Anrede *„Dear Madam Secretary"*. Eine amerikanische Präsidentin würden Sie mit *Dear Madam President* anreden.

Achtung! *Madam* wird ohne „e" geschrieben; eine *Madame* mit e ist eine Bordell-Besitzerin.

Korrekte Anreden mit Titel oder Berufsbezeichnung in der Übersicht

Name/Bezeichnung	Anschrift	Anrede
Professor Dr. Joseph Schubert	Professor Joseph Schubert	Dear Professor Schubert
Ben Marconi, MBA	Mr Ben Marconi	Dear Mr Marconi
Guido Westerwelle	Foreign Secretary Guido Westerwelle	Dear Mr Secretary
Madeleine Albright	Secretary of State Madeleine Albright	Dear Madam Secretary

Anrede und Grußformel

Der Adressat wird möglichst namentlich angesprochen, zum Beispiel *Dear Mr Evans,* und die Grußformel lautet dann *Sincerely yours.* Sollte der Name unbekannt sein, behilft man sich in den USA hingegen mit *Ladies and Gentlemen:* oder *Gentlemen:* (ohne *Dear*) und *Sincerely,.*

Komma oder Doppelpunkt nach Anrede und Grußformel?

In der amerikanischen Korrespondenz folgt nach der Anrede ein Doppelpunkt und nach der Grußformel ein Komma. Bei informellen Briefen hingegen setzen Sie nach Anrede und Grußformel jeweils ein Komma und schreiben dann groß weiter.

Beispiele:

Peter Evans
Anrede: *Dear Mr Evans*
Grußformel: *Sincerely yours*

Unbekannt
Anrede: *Ladies and Gentlemen:* oder *Gentlemen:*
Grußformel: *Sincerely,*

Sie-Ansprache im Englischen

Bekanntlich gibt es im Englischen keine Unterscheidung zwischen „Du" und „Sie". In den USA haben Sie eine Auswahl von Grußformeln, um den Grad der Höflichkeit, des Informellen oder der Nähe auszudrücken. Es kann Ihnen durchaus passieren, dass Vornamen in der Anrede mit einer sehr förmlichen Grußformel kombiniert werden – etwa bei langjährigen Geschäftspartnern und ihren Angehörigen.

Anreden in der internationalen Korrespondenz

In Ihrer internationalen Korrespondenz werden Sie eine Vielfalt von Anreden finden, die bei der interkulturellen Begegnung entstehen. So hängen Japaner in der Regel bei der Anrede ein höfliches san an den Namen. Daraus entstehen dann die vielfältigsten charmanten Anreden. Eine Martina Schmidt erhält zum Beispiel Post mit der Anrede *Dear Martinasan* oder *Dear Mrs Schmidtsan.*

Sekada❖ empfiehlt: Schließen Sie sich der Praxis Ihrer Korrespondenzpartner an. Nehmen Sie respektvoll den Nachnamen und hängen auch Sie dem Namen ein san an.

Übersicht über mögliche Anrede- und Grußkombinationen

Format/Anlass	Anrede	Grußformel
USA/förmlich, Name unbekannt		
Firma (z. B. Aufsichtsrat), klassisch	Gentlemen:	Respectfully yours,
Firma modern	Ladies and Gentlemen	Yours respectfully, (sehr förmlich)
Mann oder Frau	Dear Sir or Madam	Yours respectfully, (sehr förmlich)
Mann	Dear Sir	Very truly yours, (sehr förmlich)
Frau	Dear Madam	Sincerely yours,
USA/Name bekannt	Dear Ms Lewis Dear Ms Lewis: Dear Amanda,	Respectfully yours, (sehr förmlich) Yours respectfully, (sehr förmlich) Sincerely, (höflich) Yours sincerely, (höflich) Yours truly, (höflich) Cordially, (persönlich) Cordially yours, (persönlich)
USA/informell	Dear Amanda,	Regards, Best regards, Warm regards, Kind regards, Best wishes,
International informell	Dear Ms Lewis, Dear Amanda,	Best regards,

Mann oder Frau? So finden Sie es heraus

Wenn Sie sich unsicher sind, welches der Vor- und welches der Nachname ist und ob es sich um einen Mann oder eine Frau handelt, hilft nur die Flucht nach vorn. Wir raten Ihnen zu folgender Formulierung:

Dear Sir or Madam, I am very sorry, but I need to enquire whether Hua is your first or your last name. Could you also possibly please tell me whether that is a man's or a woman's name? I certainly would not wish to get it wrong. Thank you very much!

Das ist nicht ideal, aber besser, als permanent mit einem Missverständnis zu leben – denn Ihr asiatischer Korrespondenzpartner wird Sie nicht aufklären, da er Ihnen einen möglichen Gesichtsverlust ersparen will.

Betreffzeile

Die Betreffzeile steht vor der Anrede und braucht daher nicht unbedingt hervorgehoben zu werden. Sie können Sie fett machen.

Sie beginnt manchmal mit *Re* oder *Subject:* oder *Subj:*. Sie können darauf verzichten, da es sich ja offensichtlich um eine Betreffzeile handelt. Sie steht mit einer Leerzeile Abstand zur Anrede.

Unsere Empfehlung: Verzichten Sie auf die Nennung von *Re:* oder *Subject*.

Formelle Elemente des Brieftextes

Das erste Wort nach der Anrede wird großgeschrieben, und die Absätze werden nicht eingerückt.

Anlagen

Sie geben an, ob dem Brief eine Anlage (*Enc*) oder mehrere Anlagen (*Encs*) beigelegt werden, und führen die Anlagen einzeln auf. Wir haben für Sie die typischen Anlagen zusammengestellt:

Übersicht über typische Angaben für Anlagen – amerikanisch

Deutsch	Englisch
Auszug/Kontoauszug	statement (of account)
aktuelle ...	current ...
allgemeine Verkaufsbedingungen	general conditions of sale
Anweisungen	directions
Ausschreibungsunterlagen	tender documents
Bericht	report
Bestellformular(e)	order form(s)
Bewerbungsformular	application form
Empfehlungsschreiben	letter of recommendation
Führer	guide
Garantie	warranty
Garantie, Bürgschaft	guarantee
Handzettel	flyer
in doppelter, dreifacher Ausführung	in duplicate, triplicate
Katalog	catalog
Lage-/Stadtplan	map
Lebenslauf	résumé
Preisliste(n)	price list(s)
Pro-forma-Rechnung	pro-forma invoice
Prospekt	brochure (üblich), prospectus (technische Beschreibung)
Prospekt/Kurzprospekt	leaflet
Quittung	receipt
Rechnung	invoice
Scheck	check
Verkaufsliteratur, Prospektmaterial	descriptive literature
Veröffentlichung, auch interne	publication
Zeitplan	schedule

Wenn Sie mehr als eine Anlage haben, führen Sie diese wie in Deutschland untereinander auf.

Kopien/Verteiler

Das englische Wort *carbon copy* bedeutet Durchschlag. Die griffige Abkürzung *cc* (klein und ohne Punkt) hat sich gehalten. Sie können aber auch *„copy"* oder *„copies"* schreiben.

Ein- und Ausstiegssätze

Ein- und Ausstiegssätze in der Übersicht

Fast 500 englische Ein- und Ausstiege für Ihre perfekten englischen Briefe und E-Mails.
Alphabetisches Register nach Sachgebieten deutsch – englisch – Seiten 20 und 21
Alphabetisches Register nach Sachgebieten englisch – deutsch – Seiten 21 und 22

Alphabetisches Register nach Sachgebieten deutsch – englisch

	Thema deutsch	Thema englisch
1.	Abmahnung	Warning to an employee
2.	Absage (Antwort auf eine Absage)	Rejection or cancellation: response
3.	Absage an einen Bewerber	Application turned down
4.	Absage einer Einladung	Turning down an invitation
5.	Anfrage	Inquiry
6.	Anfrage (Antwort auf eine Anfrage)	Inquiry: answer
7.	Angebot	Offer
8.	Angebot (Antwort auf ein Angebot)	Offer: answer
9.	Anruf	Follow-up after phone call
10.	Antwort (allgemein)	Reply (general)
11.	Auftragsbestätigung	Acknowledgement of an order
12.	Auskunft	Information
13.	Begleitschreiben Zusendung Unterlagen	Cover letter for enclosures
14.	Begrüßung	Welcome
15.	Beratung	Advice, consultation
16.	Beschwerde	Complaint
17.	Beschwerde (Antwort auf eine Beschwerde)	Complaint: answer
18.	Bestätigung	Acknowledgment, confirmation
19.	Bestätigung einer Kündigung	Confirmation of termination of contract
20.	Bestellung	Order
21.	Bitte	Request
22.	Dank für Geschenk	Thank you for a gift
23.	Dank für Glückwünsche, Grüße, Anteilnahme	Thank you for best wishes, greetings, sympathy
24.	Dank für Hilfe	Appreciation, thanks for help
25.	Dank für Kauf	Thanks for purchase
26.	Einladung	Invitation
27.	Einladung an die Mitarbeiter	Invitation to staff
28.	Entgegenkommen	Concession
29.	Entschuldigung	Apology
30.	Frage	Query
31.	Geburtstag	Congratulations on birthday
32.	Genesung	Get-well letter
33.	Geschäftsauflösung	Announcement of business closure
34.	Geschäftseröffnung	Announcement of opening
35.	Geschenk (Begleitbrief)	Cover letter for gift
36.	Gespräch (Bezug auf Gespräch)	Follow-up after talks
37.	Gratulation (verschiedene Gelegenheiten)	Congratulations (various occasions)
38.	Gute Nachrichten	Announcing good news
39.	Hochzeit	Wedding correspondence
40.	Jahresanfang	New Year's letter
41.	Jubiläum	Congratulations anniversary
42.	Jubiläum (Mitarbeiter)	Congratulations staff anniversary

Thema deutsch	Thema englisch
43. Kondolenz	Sympathy, letter of
44. Konflikt	Conflict, disagreement
45. Kündigung	Termination of contract
46. Lieferschwierigkeiten	Delivery problems
47. Mahnung (1. Mahnung)	Collection letter: initial reminder
48. Mahnung (2. Mahnung)	Collection letter: 2nd reminder
49. Mahnung (3./letzte Mahnung)	Collection letter: final demand
50. Mängelrüge	Complaint about quality
51. Nachfrage zu einem Angebot	Offer, general questions
52. Nachfrage zu einer Lieferung	Delivery, special conditions
53. Nachlieferung	Delivery, delayed
54. Referenz	Reference and recommendation, letter of
55. Schlechte Nachrichten	Announcing bad news
56. Schreibfehler, Entschuldigung	Misspelling, correction, apology for
57. Seminarbestätigung	Seminar, confirmation of
58. Service	Service
59. Spendenanfrage	Fundraising letter
60. Terminverschiebung	Postponing an appointment
61. Umzug	Relocation
62. Verspätung, Nachfrage	Delay, query
63. Verspätung, Antwort	Delay, answer
64. Vorschlag	Suggestion
65. Vorstellungsgespräch, Einladung	Invitation to interview
66. Vorstellungsschreiben	Introduction, letter of
67. Weihnachtsgruß	Christmas letter
68. Werbebrief	Sales letter
69. Zahlungseingang	Payment received
70. Zusage	Acceptance
71. Zusammenarbeit	Cooperation
72. Zwischenbescheid, Bewerbung	Acknowledging job application

Alphabetisches Register nach Sachgebieten englisch – deutsch

Thema englisch	Thema deutsch
70. Acceptance	Zusage
72. Acknowledging job application	Zwischenbescheid, Bewerbung
11. Acknowledgement of an order	Auftragsbestätigung
18. Acknowledgement, confirmation	Bestätigung
15. Advice, consultation	Beratung
33. Announcement of business closure	Geschäftsauflösung
34. Announcement of opening	Geschäftseröffnung
55. Announcing bad news	Schlechte Nachrichten
38. Announcing good news	Gute Nachrichten
29. Apology	Entschuldigung
3. Application rejected	Absage an einen Bewerber
24. Appreciation, thanks for help	Dank für Hilfe
71. Cooperation	Zusammenarbeit
67. Christmas letter	Weihnachtsgruß
47. Collection letter: initial reminder	Mahnung (1. Mahnung)
48. Collection letter: 2nd reminder	Mahnung (2. Mahnung)
49. Collection letter: final demand	Mahnung (3./letzte Mahnung)
16. Complaint	Beschwerde
50. Complaint about quality	Mängelrüge

	Thema englisch	Thema deutsch
17.	Complaint answer	Beschwerde (Antwort auf eine Beschwerde)
28.	Concessions	Entgegenkommen
19.	Confirmation of termination of contract	Bestätigung einer Kündigung
44.	Conflict, disagreement	Konflikt
37.	Congratulations (various occasions)	Gratulation (verschiedene Gelegenheiten)
41.	Congratulations anniversary	Jubiläum
31.	Congratulations on birthday	Geburtstag
42.	Congratulations staff anniversary	Jubiläum (Mitarbeiter)
35.	Cover letter for gift	Geschenk (Begleitbrief)
13.	Cover letter for enclosures	Begleitschreiben Zusendung Unterlagen
62.	Delay, query	Verspätung, Nachfrage
63.	Delay, answer	Verspätung, Antwort
52.	Delivery, special conditions	Nachfrage zu einer Lieferung
53.	Delivery, delayed	Nachlieferung
46.	Delivery problems	Lieferschwierigkeiten
36.	Follow-up after talks	Gespräch (Bezug auf Gespräch)
9.	Follow-up after phone call	Anruf
59.	Fundraising letter	Spendenanfrage
32.	Get-well letter	Genesung
12.	Information	Auskunft
5.	Inquiry	Anfrage
6.	Inquiry: response	Anfrage (Antwort auf eine Anfrage)
66.	Introduction, letter of	Vorstellungsschreiben
26.	Invitation	Einladung
65.	Invitation to interview	Vorstellungsgespräch, Einladung
27.	Invitation to staff	Einladung an die Mitarbeiter
56.	Misspelling, correction, apology for	Schreibfehler, Entschuldigung
40.	New Year´s letter	Jahresanfang
7.	Offer	Angebot
51.	Offer, open questions	Nachfrage zu einem Angebot
8.	Offer: response	Angebot (Antwort auf ein Angebot)
20.	Order	Bestellung
69.	Payment received	Zahlungseingang
60.	Postponing an appointment	Terminverschiebung
30.	Query	Frage
54.	Reference and recommendation, letter of	Referenz
2.	Rejection or cancellation: response	Absage (Antwort auf eine Absage)
4.	Turning down an invitation	Absage einer Einladung
61.	Relocation	Umzug
10.	Reply (general)	Antwort (allgemein)
21.	Request	Bitte
68.	Sales letter	Werbebrief
57.	Seminar, confirmation of	Seminarbestätigung
58.	Service	Service
64.	Suggestion	Vorschlag
43.	Sympathy, letter of	Kondolenz
45.	Termination of contract	Kündigung
22.	Thank you for a present	Dank für Geschenk
23.	Thank you for best wishes, greetings, sympathy	Dank für Glückwünsche, Grüße, Anteilnahme
25.	Thanks for purchase	Dank für Kauf
1.	Warning to an employee	Abmahnung
39.	Wedding correspondence	Hochzeit
14.	Welcome	Begrüßung

1. Abmahnung/Warning to an employee

Einstiege

- Over the years we have come to rely on you as a valuable employee. Recently, however, it has been brought to our attention that you have missed 21 working hours in one month without permission from your supervisor. Surely there must be an explanation for this unacceptable behaviour.
- Unfortunately we have good reason to believe that you have accessed sensitive information for which you are not authorised.
- We were notified that on 11 June you were caught stealing goods from the warehouse.
- We are sorry to inform you that we have received several complaints lately from customers about your service, putting our excellent reputation at risk. The complaints were as follows: ...
- Numerous staff members have complained about your smoking in non-smoking areas.
- I'm afraid that your work (in the purchasing department/on the research project) leaves much to be desired.

Ausstiege

- Until further notice, we will expect you to report to the personnel department on a monthly basis. We feel that we can count on you to resolve this issue.
- Please think the matter over carefully and let us know how you plan to improve the situation.
- Please make sure to rectify the situation as you will otherwise be putting your job in danger.
- Should we receive any further complaints, we shall be forced to terminate your contract without further notice.
- I'm sure you will appreciate the seriousness of the matter. If you have any questions, please contact me directly.
- We are placing you on probationary status. Unless this behavior improves immediately, we will have to let you go.

2. Absage (Antwort auf eine Absage)/Rejection or cancellation: response

Einstiege

- Thank you very much for your interest in our products. It is a pity that we were not able to win your custom on this occasion, but we hope that you will come back to us in case of future need.
- Thank you very much for your letter of (*date*). We regret that you have chosen another supplier.
- It's a pity that we will have to do without you at our (*event*).
- I'm so sorry you won't be able to make it to the (*event*).

Ausstiege

- We would be very pleased to serve you at a later time.
- If you have similar requirements again at a later date, please let me know and I will see what we can do for you.
- We would be delighted if you would include us in your next invitation to tender.

3. Absage an einen Bewerber/Application rejected

Einstiege	Ausstiege
• Thank you very much for your enquiry of (*date*) for the position of (*secretary/system administrator*). Unfortunately, we cannot offer you the position you are seeking, as we do not have any suitable vacancies at the moment. • Thank you very much for your application. While we were very impressed with your credentials and experience, we regret to inform you that we have chosen another candidate whose background more closely fits our requirements. • I'm sorry, but the position you have applied for has already been filled.	• We have no doubt that you are well-placed to compete for the type of job you are seeking, and wish you the best of luck in finding it. • Perhaps things will start looking up in a few months' time, and we will need to hire a new (*position*). Please do get in touch with us again should you still be available early next year. • As your qualifications make you an interesting candidate for the position of (...), we would be happy to hear from you again this coming January when we will be seeking such candidates. • We wish you good luck in your future career.

4. Absage einer Einladung/Turning down an invitation

Einstiege	Ausstiege
• Your party sounds delightful. I'm so sorry, but I'm afraid I won't be able to take part due to a prior commitment. • Thank you so much for your invitation to the (*event*). Unfortunately, I'm afraid that I won't be able to make it, as I will be out of town that day. • I had been looking forward to (*our meeting/your event*). However, something urgent has come up and, unfortunately, I will have to cancel, after all.	• Once again, let me send my regrets and my sincere hope that you will keep me on your guest list for next time. • Let me wish you all the best for the (*event*). • I'm sure that we'll have a chance to meet (*sometime in spring/when I have completed the project*). I'll get in touch with you (*when I get back from China/as soon as I have further details*).

5. Anfrage/Inquiry

Einstiege	Ausstiege
• I am writing with reference to your advertisement for (*product*) in (*newspaper/journal*) of (*date*). • Your offer for (*product*) in (*newspaper/journal*) has caught our interest. • We are currently looking for (...) and we hope that you will be able to help. • We are planning to relaunch our website and we would like to know if you might be able to provide us with a state-of-the-art solution?	• Please send us your written offer no later than (*date*). • We look forward to receiving your detailed offer by (*date*) at the latest. • We would appreciate receiving your full catalogue and a few samples. • Would you be able to provide us with these (*goods/services*) as detailed by (*date*)? • If you offer any similar services or products, we would be interested in any information and materials you can provide us with. • Thanks for your help.

6. Anfrage (Antwort auf eine Anfrage)/Inquiry: answer

Einstiege	Ausstiege
● Thank you very much for your inquiry of (*date*). ● We specialise in the type of goods you are looking for. I am enclosing material on a selection of our products which we feel will meet with your approval. ● Thank you for your interest in our line of (*products*). I am delighted to enclose our catalogue with full details.	● We hope you will find our offer interesting and look forward to receiving your order. ● You can order any of the items by fax using the form we have provided. We can guarantee delivery within (*period*). ● You can also order directly from our website: www.xxx.com/sales

7. Angebot/Offer

Einstiege	Ausstiege
● In response to your inquiry of (*date*), we are pleased to offer you as follows: (*details*) ● Thank you for your inquiry for 10 sets of King Cobra outdoor tables and chairs. We are currently having a sale on wood furniture and are therefore pleased to be able to offer you 10 sets (including 4 chairs each) at xx € a set (plus tax). ● We are currently selling off all of our outdoor products. It is therefore our pleasure to make you this very special offer:	● We look forward to receiving your order. ● We assure you that we will fulfil your order in the quality you have come to rely on. ● If there is anything else you need to know, please call Ms Mueller on extension -34. She is our customer service manager and she will be happy to answer any questions you might have.

8. Angebot (Antwort auf ein Angebot)/Offer: answer

Einstiege	Ausstiege
● Thank you for your prompt reply to our inquiry. ● Your offer is just what we were hoping for. We would therefore like to order as follows: (...) We will expect delivery no later than (*date*). ● Thank you for the trouble you took in making us your offer. I'm sorry, but we have chosen an alternative supplier.	● We look forward to your prompt delivery. ● Please send me your written order confirmation. ● I would appreciate your calling ahead of time, so that I can be there when the goods are delivered. ● (*Offer not taken:*) We have, however, added you to our list of suppliers and will come back to you in case of future requirements.

9. Anruf/Follow-up after phone call

Einstiege	Ausstiege
● As discussed on the phone, here are the contract details I promised to send. ● Following your telephone inquiry this morning about a possible update to your insurance policy, I took the opportunity to put together several options for your convenience. ● Referring to our telephone conversation of this morning, I have made a list of potential retailers in your area. ● Thank you for calling this morning to let me know about the change in schedule. ● Unfortunately, we haven't been able to reach you by phone during the past few days. Here, therefore, is a brief update on our delivery situation.	● If you have any further questions, please call me again anytime. ● Please ring me again if there is anything else I can do for you. ● Thanks once more for your help, and I hope to talk to you again soon.

10. Antwort (allgemein)/Reply (general)

Einstiege	Ausstiege
● Thank you for your letter of (*date*) concerning ... ● In answer to your inquiry of (*date*), we would like to ... ● With reference to your offer of (*date*) ...	● Please let me/us know if there is anything else I/we can do for you.

11. Auftragsbestätigung/Acknowledgement of an order

Einstiege	Ausstiege
● We are writing to confirm your order of (*date*) for (*number and type of products*) at (*price*), as per the conditions of our offer of (*date*). ● This is to confirm your order no. (*number*) for (*type of products*), conditions and delivery as per our offer of (*date*). ● Thank you for your order of (*date*) for (*number and type of products*). Your order number is XYZ.	● We look forward to doing business with you. ● Your order is in good hands. ● Please note that we will be happy to accommodate changes in your order until, but no later than (*date*). ● Enjoy your (*product*)!

12. Auskunft/Information

Einstiege	Ausstiege
• We are planning to redesign our company trade fair stand and display. Could you please send me detailed information on the technical requirements and dimensions for stands at the upcoming *La Cuisine* trade fair? • I am writing to enquire whether you have three single rooms available for the week of 21 to 25 March. Our group will be requiring breakfast only. In addition, could you please send me information on show times at the local theatres? • I would be grateful if you could send me information on getting a work permit in Australia. • I am glad to inform you that ... • Enclosed you will find the information you requested.	• I look forward to receiving your reply as soon as possible. • Thank you in advance for your assistance. For further information, please get in touch with (*name*). He/she will be happy to help you. • If you have any questions, please do not hesitate to contact me. • Please let us know if we can serve you in any way. • We hope to hear from you soon. • I look forward to receiving your comments. • Thank you for your assistance/interest.

13. Begleitschreiben Zusendung Unterlagen/Cover letter for enclosures

Einstiege	Ausstiege
• Thank you for your inquiry of (*date*) about (*our new line of kitchen appliances/products*). I am enclosing our newest catalogue and price list. • In response to your enquiry of (*date*), I am sending you our seminar program for Winter/Spring 20.. • We are very pleased to be able to send you our latest update. • Enclosed, I'm sending you the first draft of the project report. I'd be grateful if you could proof read it for me and make any necessary corrections. • Enclosed, we are returning your CV/resume/ application documents/portfolio. Thank you once again for your application.	• If you have any questions, please call me. • Please let us know if there is anything we can do to help you. • We hope to hear from you in the near future. • I look forward to receiving your comments. • Thank you for your assistance/interest. • If this information needs any clarification, please don't hesitate to call me.

14. Begrüßung/Welcome

Einstiege	Ausstiege
• We are delighted to welcome you to (*location*). • Welcome to (*location*)! • What a pleasure to welcome you to (*location*).	• Enjoy your stay! • Just let me know if you need anything.

15. Beratung/Advice, consultation

Einstiege	Ausstiege
• You have been recommended to me/us as a consultant with a great deal of expertise in (*business/field*). • We hope that you will be able to advise us about (*the correct procedure for .../patent applications/...*). • Your advice regarding work-study programs in Canada was very helpful. Thank you very much.	• Your opinion is important to me. I look forward to receiving your response. • Thank you for your support. • We therefore recommend (*doing something*). • We can therefore only advise you to/not to (*do something*). • I hope that this information was useful to you.

16. Beschwerde/Complaint

Einstiege	Ausstiege
• Until recently, we were happy with the way your company handled our catering contracts. Twice in the past month, however, your service has been appalling, giving us cause for complaint. • Unfortunately, I am writing today concerning a rather nasty encounter with one of your service engineers. (*Name*) was asked to repair our copier on (*date*). Not only did he arrive four hours later than he had said he would, but he also failed to clean up after he had finished. In addition, he was extremely rude. • I'm afraid that I have a complaint regarding the placement of our stand at the last trade fair. • Unfortunately, the goods we received from you were in poor condition – again. I'm sure you will appreciate that we cannot accept deliveries of such unreliable quality.	• I would be reluctant to have to change suppliers in the hope of better service. Should your service not improve, however, we will be forced to take our business elsewhere. • I look forward to having an explanation from you. • Please let us know what you intend to do in this matter. • We look forward to your comments on this matter.

17. Beschwerde (Antwort auf eine Beschwerde)/Complaint: answer

Einstiege

- Thank you for your letter of (*date*) and for taking the time to express your concern over our service at two business events last month. Please accept my sincere apologies for these unfortunate incidents. Of course, I agree that this sort of service is unacceptable. On checking with the service manager, I can at least now understand what happened. The main reason for the bad service was ...
- We were very distressed to hear of the poor service you were subjected to (at *event*/on *date*). We deeply regret the incident. Please accept our sincere apologies.
- I was sorry to learn of the inconvenience you were caused by the unfortunate placement of your stand in a draught. I can fully appreciate your dissatisfaction. Unfortunately, we did not know in advance what trouble the air circulation might cause, as this was the first fair to take place after the hall was remodelled.
- Thank you for bringing the poor quality of our last consignment to our attention. We are unsure as to what caused the damage and would therefore be grateful if you would send us the consignment in question in its original packaging, so that we can have the damage surveyed and analysed. There may be a problem in packaging which we will need to resolve here. In the meantime, please accept my apologies for the inconvenience. Would you like us to send replacements of the same type and quantity?

Ausstiege

- As compensation for your inconvenience, I am enclosing a voucher for (*value*). Once again, please accept my apologies for this unfortunate incident. We will do everything in our power to make sure that you receive the best possible service in future, and look forward to having you as our customer again soon.
- I apologise for the inconvenience this has caused you. Let me assure you that every effort will be made in future to ensure that your orders are carried out to your complete satisfaction. If you have any further questions, please call me at +49.89.77.55.32.64.
- Thank you for having taken the time to notify us. This, we hope, will help us resolve the problem in future.

18. Bestätigung/Acknowledgement, confirmation

Einstiege

- I am pleased to confirm our appointment for Monday, 10 March, from 9 am to 12 noon, at our headquarters here in Düsseldorf.
- We are glad to confirm that Mr Paul Evian, born 16 May 1975 in Toulouse, is a clerk/engineer/salesman in our employ. He has been working for us since (*date*). We confirm that he works no more than 20 hours a week/his contract is valid until (*date*).

Ausstiege

- If you need any assistance getting here, please let me know. I look forward to seeing you on (*date*/the 10th).
- We look forward to seeing you and wish you a good journey.
- Please confirm your acceptance of these construction plans in writing as soon as possible, and no later than (*date*).
- If we hear nothing from you by (*date*), we will assume that you agree to our proposal.

19. Bestätigung einer Kündigung/Confirmation of termination of contract

Einstiege	Ausstiege
● We have received your notice terminating your contract/lease/policy (*no. and title*) as of (*date*). ● We confirm the termination of your insurance policy (*no. and title*). Your cover will expire on (*date*).	● We regret that we will be losing you as our client/tenant. Perhaps, however, we can interest you in our specially tailored offers for (*small- and medium-sized enterprises/women*). We would be happy to present these solutions to you. ● Please let us know your account number so that we can remit the outstanding amount.

20. Bestellung/Order

Einstiege	Ausstiege
● Your offer has convinced us. We wish to order (*quantity, product*) for immediate delivery to (*address*). ● Unfortunately, we are rather pressed for time. Could you possibly provide us with (*quantity, product*) for delivery by (*date*) We would really appreciate it.	● We trust that you will deliver the goods on time. Please note that we cannot accept delivery after (*date*). ● Please note the new delivery address. ● In addition, please let me have your best offer for an order of (*quantity*) pieces/payment by direct debit.

21. Bitte/Request

Einstiege	Ausstiege
● We are writing to you in the hope that you will be able to help us. We are looking for ... ● I wonder whether you might be able to help me to find some information I need quite urgently. ● Could you possibly spare a moment of your time? Today I have a request to make.	● Thank you in advance for your support. ● Thank you very much for your prompt attention to this matter. ● Our warmest appreciation for your help.

22. Dank für Geschenk/Thank you for a gift

Einstiege	Ausstiege
• Your kind words and lovely gift really made my day. • Thank you so much for the beautiful bouquet of flowers – how thoughtful of you! • Your gorgeous flowers brought the joy of summer right into my room. • Your wonderful present was just the thing for me – how did you know? • Your splendid gift was such a surprise.	• My sincere thanks to you for your charming gift. Please give my warmest regards to your wife. • I shall think of you every time I look at it. • Once again, thank you for this unexpected surprise.

23. Dank für Glückwünsche, Grüße, Anteilnahme/Thank you for best wishes, greetings, sympathy

Einstiege	Ausstiege
• Thank you from the bottom of my heart. • Thank you very much for your kind letter/warm wishes on my birthday. • Your lovely card was a real pleasure – thank you! • I think your get-well wishes are working – I'm feeling better already! • Thank you very much for your warm sympathy and kind words following the death of my dear husband/our dear Mr Braun.	• Thank you again for your warm wishes/kind thoughts. • It was wonderful to hear from you – let's stay in touch. • Your sympathy means a great deal to me – thank you.

24. Dank für Hilfe/Appreciation, thanks for help

Einstiege	Ausstiege
• I would like to thank you warmly for your help with ... It was your input which allowed us to solve the problems so quickly and smoothly. • I am writing to express my appreciation and gratitude for the wonderful way you have helped turn this place around completely over the past year. You are the greatest!	• Thanks for helping me out of a tight spot – I really appreciate it! • What else can I say? You're simply the best! • I'll be happy to be of help should the shoe ever be on the other foot. • For the record: You can count on me, too, if you ever need help.

25. Dank für Kauf/Thanks for purchase

Einstiege	Ausstiege
● Thank you for your order on (*date*) and for the trust you place in our products. ● Thank you for choosing your (*product*) in our store. You will also find any batteries and spare parts you might need here at extremely competitive prices.	● We hope you have lots of fun with your new (*product*), from all of us at (*company name*). ● Please contact us if you have any questions on the care, and maintenance of your (*product*).

26. Einladung/Invitation

Einstiege	Ausstiege
● (*Company*) cordially invites you to attend its Annual Summer Festival. ● It gives us great pleasure to invite you to be our guest at the 17th annual (*company*) golf tournament. ● On 25 March (*company*) will be celebrating its 50th anniversary. Please join us in celebrating this happy day. ● I understand that you will be in Friedrichshafen for the BOOT this year. If you have the time, would you like to take the opportunity to come and visit us?	● We hope that you and your wife will be able to do us the honor of being our guests. Please let us know if you can join us. ● We would be delighted and honoured if you would come. ● Please let me know whether you can come. It would be a real pleasure to see you. We look forward to seeing you there.

27. Einladung an die Mitarbeiter/Invitation to staff

Einstiege	Ausstiege
● It takes a great deal of individual and collective energy to have a successful year. As 20.. comes to a close, I would like to thank you for your contributions on behalf of the company, and invite you to celebrate with us. ● All work and no play make Jack a dull boy. Ready to play? Then come and join us for a special evening of bowling, beer, and burgers. ● The past weeks have been hard on everyone. Now that the worst is over and most of the work is done, we would like to thank you all for your support and take you out (*to a musical/to enjoy a sushi dinner*).	● It's sure to be an evening full of surprises – come and let us entertain you! ● There will be a buffet and refreshments, live entertainment and dancing. But enough said! I look forward to seeing you at the (*event*). ● Don't miss it – you'll be sorry if you do. ● Please let me know whether you can come, if possible no later than (*date*). ● Please fill in the slip below with the names of the guests you will be bringing, and return it to (*name*) in (*department*) by (*date*) at the latest.

28. Entgegenkommen/Concession

Einstiege	Ausstiege
• Thank you for your openness in coming forward to explain the situation to us. After some deliberation, we may have found a way out. Let me suggest the following: ... • In your letter of (*date*) you request payment in full without further delay. I am afraid that, due to the difficult market situation, we are currently unable to pay our debt in full. We would therefore ask you to grant us an extended payment period to allow us to clear this debt. We would like to suggest the following: ... • Thank you very much for granting us an extra month to pay our debts to you. We appreciate your willingness to meet us halfway. • You have asked us for a discount. What we can offer you is a discount on bulk orders for over 500 pieces.	• We appreciate your honesty and cooperation in this matter, and hope that our proposal will resolve the issue. • I hope this suggestion goes some way to solving the problem. • Please let me know if this would be acceptable to you. • Thank you very much for meeting us half-way.

29. Entschuldigung/Apology

Einstiege	Ausstiege
• I am writing to apologise for ... • I would like to apologise for ... • I am afraid that there was mix-up at our end, and we sent the package to the wrong address. Please let me apologise for this unfortunate mistake on our part. • We wish to apologise for the delay in settling your invoice no. (*123*) dated (*date*). Payment has been delayed because (of an error in accounting/of an oversight on our part/we have run into financial difficulties). • Owing to unforeseen circumstances, we regret that we will be unable to (*process your order no. 234/settle invoice no. 234*) as agreed. We hope to (solve the problem/be able to deliver the goods/settle our account) by (date) at the latest. Please accept our apologies.	• Once again, please accept my apologies. We will do everything we can to make sure that your orders are properly carried out in the future. • Let me repeat once more how sorry we are that this has happened. We do hope the incident will not deter you from doing business with us again in the future.

30. Frage/Query

Einstiege	Ausstiege
• Your offer for (*product*) looks very interesting. Perhaps you can supply us with answers to the following questions: ... • We would like to take you up on your offer and ask you some questions about your products. • The rough draft is finished. Now there are just a few open questions we need to discuss: ...	• Thank you very much in advance for any information you can provide. • We look forward to receiving your answers, preferably before the end of the month, so that we can take them into account when we place our next order. • Please let us know if you have any questions we can help you with. • Please feel free to call me. I'll be happy to answer any questions you might have.

31. Geburtstag/Congratulations on birthday

Einstiege	Ausstiege
• A little bird told me it was your birthday – so happy birthday to you! • Here's wishing you all the best on your birthday and in the coming year. • Many happy returns of the day to you! • I'd like to wish you a very happy birthday, with health, happiness, and success in all you do in the coming year.	• May you have many more! • Best wishes for all the years still to come. • And remember: you're only as old as you feel!

32. Genesung/Get-well letter

Einstiege	Ausstiege
• I was so sorry to hear of your accident. What a shock that must have been. At least now you are in good hands. You'll see: you'll be back on your feet in no time. • I heard from (*name*) that you are ill. I'm so sorry. I do hope you will get well soon! • Here's wishing you a speedy and complete recovery. • This is just to let you know that all of us here at the office are thinking of you. We hope you'll be feeling better very soon.	• Get well soon! • I look forward to seeing you back on your feet, as bright-eyed and bushy-tailed as ever. • Let me know if there is anything I can take care of for you. • We miss you and would very much like to come and visit you. Do you think you can handle visitors yet? Just let us know, OK?

33. Geschäftsauflösung/Announcement of business closure

Einstiege

- We regret to inform you that after 23 years, (*company*) is going out of business. We will be closing our doors for the last time on (*date*).
- I was so sorry to hear that your firm is going out of business.

Ausstiege

- For further information and any open claims, please contact our solicitors, (*name*), at (*address*).
- As every cloud has a silver lining, so every end also leads to a new beginning. Let me wish you all the best in taking on the challenges and opportunities the future holds in store for you.

34. Geschäftseröffnung/Announcement of opening

Einstiege

- We are pleased to announce the opening of our new offices at (*address*).
- Good news! (*Company*) has just opened its new offices in downtown (*city*). And we have lots of special offers for you to choose from.
- Congratulations on the opening of your new offices in (*town*).
- I'm so pleased to hear that you have decided to go into business for yourself. Congratulations! Let me wish you the best of luck in this new venture.

Ausstiege

- But enough said – come and see for yourself!
- Here's wishing you lots of success and happy customers in the years to come.
- We wish you and your staff all the best in your new venture.
- I am certain that your beautiful store will be a resounding success, and I send you my very best wishes.
- May fortune smile on your new venture!

35. Geschenk (Begleitbrief)/Cover letter for gift

Einstiege	Ausstiege
● It has been a great pleasure doing business with you during the past year. I would like to take this opportunity to present you with a token of our appreciation. Thank you for all you have done for us. ● Please accept this gift as our way of saying thank you for making our business cooperation such a success. ● We would like to express our sincere thanks for your invaluable support in the (*name*) project. Here is something that we hope will bring back fond memories of our cooperation in the years to come. ● I would like to thank you for your wonderful hospitality during my last visit to (*town*). Let me show my appreciation for your kindness with this small gift, which I hope will remind you of the nice time we had together. ● We hope that the small gift we enclose will help to sweeten your holiday season. ● Remember our discussion last week? Well, here's a little surprise for you.	● Thank you once again. ● I hope you like it. ● We hope you enjoy it.

36. Gespräch (Bezug auf Gespräch)/Follow-up after talks

Einstiege	Ausstiege
● (*Past meeting:*) Thank you for having found the time to meet me on (*date*). ● Our conversation on (*date*) was very helpful. Since then, I have been able to get further information about ... ● It was a pleasure talking to you on (*date*). I'm enclosing a short summary of some of the points we discussed. ● (*Future meeting:*) Thank you for taking the time to meet me on (*date*). I am enclosing a brief agenda for our next meeting. Perhaps you could go through it and make any necessary changes. ● (*Suggesting meeting:*) Now that we have done our homework/laid the groundwork, we should probably get together and discuss things face-to-face. ● The matter has become quite complicated, and I feel it would be very helpful if we could meet in person to discuss it.	● I really appreciate it. ● Please let me know if there is anything else we should do. ● I look forward to seeing you then. ● Perhaps we should discuss the matter in person. ● Please let me know when you will be available.

37. Gratulation (verschiedene Gelegenheiten)/Congratulations (various occasions)

Einstiege	Ausstiege
● Congratulations on the birth of your baby daughter/on your engagement/on your wedding/on your promotion to Head of Finance. ● Congratulations on having successfully completed your training with our company. ● I am writing to convey my warmest congratulations on your graduation from business school.	● We wish you every success in your new position. ● I'm so pleased that your excellent work has received this recognition. Let me wish you continued success in the years to come! ● We wish you all the happiness in the world – and all the patience that you will need to raise your little girl in the next 20 years or so.

38. Gute Nachrichten/Announcing good news

Einstiege	Ausstiege
● We are very pleased to announce ... ● Have we got news for you?! ... ● We are delighted to confirm that ... ● You will be pleased to hear that ...	● We hope you are as pleased as we are. ● We feel that these positive results will ensure our continued success. ● Thank you for being a part of our success story.

39. Hochzeit/Wedding correspondence

Einstiege	Ausstiege
● My heartfelt congratulations to you on your wedding day. ● Our warmest congratulations on your wedding. ● I was so pleased to hear that you are getting married. What a great couple you make. My very best wishes to the two of you! ● Our dear (*name*) is tying the knot – what wonderful news! We wish you both true love and happiness for the rest of your days. ● We were so pleased to hear that you have tied the knot during your vacation, and we are delighted to send you our heartfelt congratulations.	● May this very special day mark the beginning of a long life together, filled with love and happiness. ● We wish you all the happiness in the world. ● May this be the beginning of a wonderful adventure.

40. Jahresanfang/New Year's letter

Einstiege	Ausstiege
● Once again a New Year is upon us. I hope you had a peaceful holiday season and are ready to stride into the New Year, full of renewed energy. ● It's that time of year again. Your annual accounts should be nearly completed, and you'll be taking a close look at the bottom line. ● Thank you very much for your holiday greetings. I'd like to wish you all the best for the coming year.	● Let me wish you and your family the very best, with health and good fortune in the year to come. ● I look forward to working with you again in the coming year. ● In addition, I would like to convey my very best wishes to all of you at (*company*), with happiness and success throughout the coming year.

41. Jubiläum/Congratulations anniversary

Einstiege	Ausstiege
● You have been with (*company*) for 20 years now. ● We would like to congratulate you on the fiftieth anniversary of the founding of your company. Let me take the opportunity to thank you for our excellent, longstanding business relationship. ● On this day, you can look back with pride on 20 years in which you shaped (*company*) into the leading company in the business. Congratulations on your remarkable achievement.	● We wish you even more success in the (*anniversary number*) years to come. Let me add my very best wishes for all of your future plans and projects, as well as good health and well-being to handle them.

42. Jubiläum (Mitarbeiter)/Congratulations staff anniversary

Einstiege	Ausstiege
● Thank you for your many years of great service to our company. ● Congratulations on your silver jubilee. It's been 25 years since you first began working for this company – longer than many of us can remember. This impressive period of service deserves a proper celebration. ● Your 10th anniversary with our company gives me a welcome opportunity to thank you for all you have done to promote a pleasant and productive working atmosphere in our department.	● We hope that today proves really enjoyable. ● We're looking forward to continuing to work with you, and profiting from your experience, in the years to come.

43. Kondolenz/Sympathy, letter of

Einstiege

- I was so sorry to hear of the death of your wife after her long and courageous battle with cancer. Her death touches me deeply. She was ...
- I have just heard that your husband has passed away, and am deeply saddened by the news. I knew him as ...
- It is with great sorrow that we learned of the death of ...

Ausstiege

- Let me close by expressing again my deepest sympathy for your great loss.
- Please accept my warmest condolences to you at this difficult time.
- I can only hope that the many years of happiness you shared will give you the strength to get through these difficult days.

44. Konflikt/Conflict, disagreement

Einstiege

- I am writing in connection with our order no. ZU04/69. It was my impression that we had agreed upon 1 March as the delivery date when we phoned. However, your order confirmation of (*date*), gives 1 April as the date of delivery. I'm afraid the latter date would be much too late for us.
- I understand that our solicitors asked to have the following clause added to our agreement: ... As this clause has not yet been included in the text, I am returning the unsigned documents to you for correction.
- You may not be aware of it, but we have always had private reserved parking outside our office building. Unfortunately, there seems to be some confusion as to who has a right to park there. As it is increasingly turning into a bone of contention, I feel it's time to get to the bottom of the issue.
- I'm afraid that we find the tone of your last letter quite unacceptable. As we wish to resolve this conflict in a mutually satisfactory manner, I would suggest either that you put us in touch with someone else in your organisation who can handle the matter, or that we call in an arbitrator.
- I have the impression that we are talking at cross purposes. I am convinced, however, that we can sort it out. It seems to me that we need to ... (*action*). Do you think you can agree to that?
- I received your letter this morning and am sorry to hear that you cannot accept our terms. Shall we submit the matter to an arbitrator?

Ausstiege

- Please let me know at once whether this was simply a clerical error or whether we have a problem on our hands.
- I would welcome a meeting of all parties involved to discuss the issue in depth.
- I would like to meet with you and Ms Jones soon, to see if we can clarify the situation. What would make the situation more agreeable to you?
- I hope that intercession by a third party will help us out of this deadlock.

45. Kündigung/Termination of contract

Einstiege

- This is to advise you that you are being laid off in compliance with Article XVI, section 2 of your contract of employment.
- This is to tender my resignation from (*company*) as of 1 July.
- I am writing to inform you that I wish to terminate my insurance with you as of 1 January. This puts me well within the stipulated notice period.
- We were always very satisfied with your support. As we will be migrating to a new integrated system, however, we shall no longer need your services. We therefore wish to terminate our service contract with you as of 1 July.
- During the past months we have had to complain several times to you about the quality of your services, but without success. We therefore see no alternative but to terminate our contract with you, effective 15 April. This takes into account the statutory period of 4 weeks from date of cancellation.

Ausstiege

- I would appreciate written acknowledgement that you have received this letter.
- It has been a pleasure working/doing business with you over the years, and I wish you well in the future.
- I will miss the personal business relationship that we've had but I'm sure you'll understand that your company's service level had become unacceptable. I hope you react constructively and improve your business performance and I wish you well in future.

46. Lieferschwierigkeiten/Delivery problems

Einstiege

- Thank you for your order for (*item 1*). Unfortunately, this item is no longer available as production was discontinued some years ago. May we suggest supplying the (*item 2*), an updated version of the (*item 1*), selling for (*price*)?
- Unfortunately, we are having some difficulty fulfilling your order no. ZU786. We are short of article no. 1233 due to (*a bottleneck in production/unforeseen demand*).
- I'm afraid that your order no. NZ678 will reach you a few days late. We understand from our forwarding agents that the goods are being held at customs for security clearance. This seems to be a consequence of new stringent safety regulations.
- I'm afraid that we can no longer fill your order for item VG6, as it has been listed among the goods whose export has been restricted according to EU ordinance no. 123.

Ausstiege

- We expect to be able to deliver the full consignment by (*date*). Will that be early enough for you or shall we send you the available articles now and the missing ones when they arrive?
- I apologise for any inconvenience this delay may cause you, and thank you for your patience.
- Can we offer you anything else?
- I'm afraid that there is not much that either we or the couriers can do to speed up the process.

47. Mahnung (1. Mahnung)/Collection letter: initial reminder

Einstiege	Ausstiege
• According to our records, our invoice no. 81/6789 of (*date*) has not been settled. The enclosed copy shows an outstanding amount of (*amount*). • This is to remind you that invoice no. 81/6789 of (*date*) for (*articles*) is overdue. • I'm afraid that invoice no. AD4218 of (*date*) is still owing, making it more than 60 days overdue.	• Please remit the amount within the next few days. We appreciate your prompt attention to this matter. • Could you please make sure to settle this account as soon as possible? • Could you please check what the problem might have been and give me a call? Thank you. • If you have already remitted the amount in questions, please disregard this reminder.

48. Mahnung (2. Mahnung)/Collection letter: 2nd reminder

Einstiege	Ausstiege
• Perhaps it has slipped your notice that the above-mentioned invoice of (*date*) for (*amount*) is still outstanding. This is our second letter to you in connection with this matter. We cannot imagine why payment should not be forthcoming.	• Please remit the amount within the next seven days. We need your prompt attention to this matter. • Could you please make sure to settle this account right away? • Would you please urgently inform me if there are any issues that will hold up payment further. • Should you have already remitted the amount in question, please disregard this reminder.

49. Mahnung (3./letzte Mahnung)/Collection letter: final demand

Einstiege	Ausstiege
• This is our third and final reminder regarding our invoice no 81/6789 of (*date*), which unfortunately has yet to be paid. • We're still waiting for payment of invoice no 998/67 dated 1 June for (*amount*) We would like to give you a last opportunity to settle this account amicably, without legal process.	• You will surely understand that we cannot wait any longer for payment. And we certainly hope that we will not be forced to take this matter any further. We must therefore ask you, in your own best interests, to settle the account immediately. • I'm afraid that we cannot wait much longer for this account to be settled. To be precise, we shall wait until (*date*), after which we will hand the matter over to our lawyers.

50. Mängelrüge/Complaint about quality

Einstiege	Ausstiege
● Unfortunately, we have to let you know that lately we have not been very satisfied with your service. ● I know that you have done your best, time after time, to keep the (...) machine in good repair. However, it hasn't been working properly for three months now, resulting in poor quality and a great deal of down time. Our service contract, however, promised that the machine would be kept operational at all times. We therefore can simply not accept your service as fulfillment of contract. ● We really don't like to complain, but we simply cannot resell the goods we received from you today. Their quality is clearly substandard.	● We must therefore insist that the faulty machine be replaced without further delay. ● Please let us know what you plan to do about this unsatisfactory situation. ● We therefore ask you to supply us with standard quality replacements as soon as possible. Please let us know whether you would like us to return the inferior quality consignment to you, at your expense.

51. Nachfrage zu einem Angebot/Offer, general questions

Einstiege	Ausstiege
● I am sending you our offer to tender under separate cover. It is quite a technical document, and I can imagine that you will have some questions. Please call me if there is anything I can explain. ● There are just one or two points in your offer that I would like to ask you about. Could you please clarify what you mean by ... ● I'm not quite sure I understand what you mean by .... ● When you write ..., are you talking about ...?	● If you have any more questions, please contact me at once. ● If I have any further questions, may I give you a call?

52. Nachfrage zu einer Lieferung/Delivery, special conditions

Einstiege	Ausstiege
● There is one stipulation in our order that I would like to point out, as it is of particular importance to us. ● I am writing in connection with the delivery of our order no. XYZ. Could you please give me a call to tell me the expected date of delivery? I am often out of the office and need to plan accordingly.	● Therefore, please make sure that your consignment reaches us no later than (*date*), after which we reserve the right to refuse acceptance.

53. Nachlieferung/Delivery, delayed

Einstiege	Ausstiege
● Our logisitics company has informed us that you should receive the delayed consignment today. Thank you for allowing us to hold back shipment until we could complete your order with the outstanding batch of goods. ● Your order is now en route to you and should arrive on (*date*).	● Now that you have at last received all of the parts, you can finally put the machinery into operation. Thank you very much for your patience and cooperation. ● We hope that the delay has not caused you too much inconvenience.

54. Referenz/Reference and recommendation, letter of

Einstiege	Ausstiege
● It is my pleasure to write a short letter of recommendation, expressing our satisfaction with the work that you and your team have done for us over recent years. ● (*Name*) has very successfully organised numerous events for us in the past. It is therefore my pleasure to recommend him for the position of trade fair assistant. ● I have been very positively impressed by (*name*), with whom we have been doing business now for (*number*) years/with whom we have completed several projects to our total satisfaction.	● I would be more than happy to recommend you to anyone who wishes to know more. ● Of course you may name our company as a reference. We will be happy to provide further information on request. ● We truly value working with (*name*), and can recommend (him/her/them/this company) without any reservations.

55. Schlechte Nachrichten/Announcing bad news

Einstiege	Ausstiege
● We regret to inform you that ... ● I am afraid that ... ● Unfortunately ... ● I'm sorry, but ...	● Please let me know if there is anything I can do. ● Call us if you need further assistance. ● Please get in touch if there is anything else you would like to know. ● Do let me know if I can be of help.

56. Schreibfehler, Entschuldigung/Misspelling, correction, apology for

Einstiege	Ausstiege
● Unfortunately, a printer's error crept into our offer of (*date*). I'm afraid we must correct the offer as follows: ... ● I'm afraid I sent you the wrong update on (*date*). Pages 11 and 12 contained errors. I am attaching the correct version to this email. ● In our offer/letter/brochure of (*date*) we wrote in error that ... To set the record straight: ...	● We apologise for the error. ● I would be grateful if you would note these corrections in your files. ● Please be so kind as to file the corrected version and throw out the old one of (*date*). ● Could you please exchange the old, erroneous pages for the new, corrected ones? Thanks.

57. Seminarbestätigung/Seminar, confirmation of

Einstiege	Ausstiege
● We are pleased to confirm that we have reserved a place for you at our seminar ... from (*date*) to (*date*) at (*institution*) in (location).	● We wish you a great learning experience and lots of fun at the seminar. ● We hope that you will find just what you are looking for, and much more, at the seminar. Enjoy!

58. Service/Service

Einstiege	Ausstiege
● We guarantee that you will be pleased with our service. We offer all the conveniences: delivery within 24 hours, offices in all major cities, a 24 hour hotline and much more. ● We want you to enjoy your new (*product*) for many years to come. That's why we offer routine maintenance service checks free of charge.	● Just give us a call ... and as early as tomorrow you could be discovering for yourself all the (*product*) has to offer. ● It's important to us that your new (product) runs just the way you want it to. Just come by, a month after purchase, and we will fine-tune it, free of charge.

59. Spendenanfrage/Fundraising letter

Einstiege	Ausstiege
• We are writing to ask you to join in and help us generate interest in (*charitable cause/social cause*). We are (*institution*) ... • We are writing to invite you to become a member and supporter of (*charity/social institution*), dedicated to ... • We are pleased to announce that our annual fundraiser will be a benefit concert by (*performers*). It will be held at (*place*) on (*date*) at (*time*). • On behalf of (*charity/social institution*) and all those who benefit directly and indirectly from it's work, I would like to thank you for your generous contribution. • I am writing to thank you for your invaluable help to (*institution*) in raising funds over the past year.	• The proceeds of our benefit concert will go to (*charity/social institution*) for (*purpose*). Please bring along your family, friends, and neighbours to support our effort. We will be counting on people like you! • Now, more than ever, we need your help to keep the doors open.

60. Terminverschiebung/Postponing an appointment

Einstiege

- I am writing with reference to the meeting we had planned for (*date*). Unfortunately, something very urgent involving one of my major accounts has come up, and I am afraid I will have to postpone our appointment to a later date. I am very sorry!
- I'm sorry, but I'm afraid I won't be able to make our meeting on Tuesday. Our entire logistics department will be on an SAP training course that day, and I have been asked to stay in the office to cover for them. Could we possibly bring the meeting forward and meet a day earlier, on Monday, at the same time?
- I had registered for your seminar this Friday. Unfortunately, however, a colleague of mine has come down with the flu/a cold and will be out of the office, so I will have to replace him/her at least until the end of the week. This means that I will not be able to attend your seminar. I'm so sorry. While I know that there's only a slim chance, would it be possible for me to exchange places with a participant scheduled for a later seminar?
- If all else fails – postpone it! This is what we will be doing when we open our newly renovated showrooms again on September 15th, two weeks later than originally planned.

Ausstiege

- Please let me know if my suggestion suits you.
- Would the new time be convenient?
- I'm sorry to have inconvenienced you.

61. Umzug/Relocation

Einstiege

- As of today, shopping in our store has become even more attractive. We have moved to a great new location. You can't miss us: on Sendlinger Straße, in the heart of Munich, just minutes from Marienplatz.
- All done. Moving boxes unpacked, shelves mounted, everything back to normal. Now we can again concentrate completely on serving you.
- On (*date*) our service department will be moving to a new building. The new address is: ...

Ausstiege

- You can reach us by suburban train, subway or streetcar to Sendlinger Tor or Marienplatz. We recommend that you don't come by car, as parking downtown is difficult.
- Do come and visit us at our new offices at (*address*).
- When can you call in and see us?
- We look forward to welcoming you here soon.

62. Verspätung, Nachfrage/Delay, query

Einstiege

- We are writing with reference to our order of (*date*) for (*products*). The delivery date promised us was (*date*). Unfortunately, we have not received the goods. Our order is now (*number*) weeks overdue.
- On (*date*) we placed an order for (*products*), due for delivery on (*date*). Our order still hasn't arrived. Could you please look into the matter for us?
- I am writing to remind you of our (*agreement/conversation*) of (*date*), in which you (*offered/promised/agreed*) to send me (*information/a progress report/your sales figures for the third quarter*). Quite possibly you have forgotten that you intended to send it/them to me by (*date*).
- Could it be that you have forgotten about my request for an update?

Ausstiege

- As any further delay will cause us considerable inconvenience, we very much look forward to receiving the goods immediately/by (*date*) at the very latest.
- Please ensure that delivery is made no later than (*date*). If this deadline is not met, we will be obliged to purchase the goods from another supplier.
- If the goods do not arrive by (*date*), we regret that we will have to cancel this and all other orders.
- We trust that we will be hearing from you in the very near future.
- I hope to receive your report/update without further delay.
- Please be sure to take care of this immediately.

63. Verspätung, Antwort/Delay, answer

Einstiege

- Thank you for informing us that the goods you ordered have not yet arrived.
- We are sorry to note the delay in delivery of your order number 123. The delay is a result of (*an error/a misunderstanding/an oversight on our part/a strike by French truckers/an export ban on this class of goods/the sudden illness of the technician responsible /a bottleneck in production/a rush of incoming orders/a change in customs regulations*).
- Thank you for reminding me to send you the (*update/report*). I'm so sorry, I forgot about it completely in the rush of work. I'll get it out to you tomorrow morning, so you should have it by Thursday at the latest.

Ausstiege

- Please accept our sincere apologies. You will be receiving the goods no later than (*date*).
- Let me assure you that we will do everything to ensure prompt delivery in the future.
- I would be grateful if you could contact me as soon as the goods arrive. My number is (telephone) 23 32 45, extension 23.
- I'll do my best to get the reports to you promptly in the future.

64. Vorschlag/Suggestion

Einstiege

- Here is our suggestion for (*the design of your company brochure/the agenda of our next meeting*).
- We would like to suggest the following for (*optimizing your IT network/redesigning your kitchen*): ...
- You requested some suggestions for improving process flow in your accounts department. We see three possible approaches: ... We have come up with a few suggestions for ... What do you think of ...?

Ausstiege

- Do these suggestions meet with your approval?
- What do you think of these suggestions? Please let us know.
- I'm looking forward to your feedback.
- Which solution do you prefer?
- If anything is unclear, or needs discussion, please give me a call.
- When you are ready, please give me a call and we can develop this idea further.

65. Vorstellungsgespräch, Einladung/Invitation to interview

Einstiege

- We are pleased to let you know that you are among the (*two/four*) candidates who have been selected to attend an interview for the position of (*job title*).
- We wish to invite you to an initial job interview/a final interview of the short-listed candidates.
- Having successfully completed the first part of our selection process, you are warmly invited to attend the final interview.
- The interview will take place at (*location, address*) on (*date*) at (*time*). For directions please refer to the enclosed map.

Ausstiege

- Please call (*me/Ms Marsha Bronstein*) on extension -45 to arrange a suitable date and time for an interview.
- We look forward to meeting you on (*date*) at (*time*).
- Ms Marsha Bronstein will be expecting you/ picking you up at the airport on (*date*) at (*time*).
- We expect the interview to take approximately one hour.
- Please let us know as soon as possible whether this will be convenient. Should you need accommodation, please call (*first and last name*) on extension -72.

66. Vorstellungsschreiben/Introduction, letter of

Einstiege

- It is my pleasure to write a letter of recommendation for (*full name*).
- (*Full name*) has asked me to write a letter of recommendation with regard to the work that he/she did here at (*company*).
- I would like to warmly recommend (*full name*), whom I had the pleasure of employing from (*date*) to (*date*).

Ausstiege

- I would be happy to answer any further questions you might have about (*name*).
- Should you have any questions concerning (*name*), please feel free to contact me on telephone +49.89.99 66 77 88.
- (*Name*) is presently looking for an opportunity to work (*abroad/in Australia*), and will therefore be leaving the company at his/her own request. We will regret his/her departure and wish him/her the best for his/her future.

67. Weihnachtsgruß/Christmas letter

Einstiege

- We wish you a very merry Christmas and a happy New Year.
- Warm wishes to you and your staff this holiday season. We hope that 20.. was a good year for you and that 20.. will be even better.
- As the year draws to a close, our thoughts turn to Christmas and the goodwill it represents. On behalf of everyone here at (*company*), I would like to thank you for everything you did for us in the past year.
- As we look back over the year this Christmas season, we wish to thank you for (your support/the trust you have placed in us/your cooperation).
- 20.. has been a good year for us, and we owe a major part of that success to you.

Ausstiege

- We send you our best wishes for the year to come and look forward to further expanding our business relationship in 20..
- Let me also wish you and your family a peaceful holiday season, with health, happiness and prosperity in the coming year.
- We send you our warmest wishes for a bright and beautiful New Year.
- Please accept the enclosed gift as a token of our warm appreciation.

68. Werbebrief/Sales letter

Einstiege

- Now that Christmas is approaching fast, it's time to find that special present for (*your parents/loved ones/business partners*).
- Did you know that (*information on the subject/ 20 % of all Europeans ...*).
- Lower your heating costs by up to 30 %! We offer ...

Ausstiege

- Try us! The quality of our products will meet your highest expectations.
- We will be happy to make you an offer you simply cannot refuse.
- Order your (*product*) by (*date*), and we will give you a discount of 5 %/an additional 5 % off our already low price.
- Order now while stocks are still available.

69. Zahlungseingang/Payment received

Einstiege	Ausstiege
● (Zu viel): We have received your remittance of (*amount*). We would like to point out that you have, in fact, remitted too much to our account, the due amount being (*correct amount billed*). ● (Zu wenig): We have received your remittance of (*amount*). Unfortunately, there is an amount of (*amount*) still outstanding on your account, as the amount billed was (*amount*). ● (Information zur Bestellung fehlt): Today we received a remittance of (*amount*) from you. In order to be able to book this to your account, we must ask you to give us (*the following information: .../the order number*). ● (Anzahlung): Thank you for your deposit/down payment/first installment of (*amount*), which we received on (*date*). It is now our pleasure to (*deliver your car/confirm your lease*) as per our agreement of (*date*).	● We have credited the amount to your account. ● Thank you for your prompt payment. ● The refund of your overpayment should reach your account by the end of the month.

70. Zusage/Acceptance

Einstiege	Ausstiege
● Thank you for our pleasant interview/conversation on (*date*) and your kind offer. Let me put in writing, as promised, my decision: Yes, I will be happy to join your company. ● I well remember (*the happy hours/the fantastic buffet*) at your (*last birthday party*). I certainly wouldn't want to miss it this year. ● Thank you for your invitation. I will be delighted to attend.	● I gladly accept the position, and look forward to (*working in/supporting*) (*your team/your department*) starting (*date*). Thank you very much for this great opportunity. ● I'm looking forward to seeing you on (*date*). Until then, please give my warm regards to your (*Ms Muller/colleagues Michael Wilms and Lucille Renard/wife*). ● I look forward to (*a lively exchange of ideas at our meeting/the festivities*) on (*date*).

71. Zusammenarbeit/Cooperation

Einstiege	Ausstiege
• Today we were awarded the contract for (*project*) by (*client/customer*). As previously discussed, we would like to carry out this project in cooperation with you. • We provide services in (*business*) and are currently seeking to expand our service spectrum. In this context, we are looking for partners in the area of (*specialised area*). You have been recommended to us ... • Good is simply not good enough for us. We are therefore offering you new expanded services in cooperation with (*partners*) to (*improve a certain area/provide you with a new overnight delivery service*).	• We should meet and discuss your assessment of the project and how we could cooperate in this effort. • We look forward to cooperating with you on this project. • I think that my suggestions should be of great interest to you. I would appreciate an opportunity to discuss them with you in person.

72. Zwischenbescheid, Bewerbung/Acknowledging job application

Einstiege	Ausstiege
• We are still in the process of selecting candidates for the position you have applied for. • Some things take longer than expected. We have not been able to evaluate all of the candidates who applied for the position yet. • You will certainly want to know the status of your application. • In your letter of (*date*) you asked us to *(pay a higher monthly rate ...)* by/starting (*date*). Unfortunately, we have not been able to (*review the documents in question*) within the stipulated time period. We therefore ask you to grant us an extension (*of one month/until date*).	• We will let you know as soon as we know the exact date. Thank you for your patience. • Thank you for bearing with us. • Should you have any questions in the meantime, please get in touch with Martine Gerault on *(telephone number*). • We will let you know our decision no later than (*date*).

Rund um Termine

So vereinbaren Sie Termine stilsicher und korrekt

Wir haben der Korrespondenz rund um die Terminvereinbarung besonders viel Platz in diesem Ratgeber eingeräumt. Denn als Sekretärin/Assistentin sind „Termingeschichten" eine immer wiederkehrende Aufgabe. Wir möchten Ihnen helfen, alle Briefe und E-Mails korrekt und schnell auf die Beine zu stellen.

Die folgenden Formulierungen könnten Ihnen von der telefonischen oder persönlichen Kommunikation her bekannt sein:

Typische Formulierungen für informelles, gesprochenes Englisch	
Frage	**Antwort**
How about meeting in Frankfurt?	I'm afraid I'm busy then.
Are you free on Friday, the 24th of September?	I'm sorry, but I have another appointment then.
Can you make the 24th?	Sorry, I won't be in town that day.
How does the 24th, 10 a. m., suit you?	The 24th is fine.
Shall we say the 27th, then?	That suits me fine.
Can we call the meeting off?	Sorry to cause you this trouble.

Beachten Sie: Was für das gesprochene Englisch am Telefon oder im persönlichen Gespräch empfehlenswert ist, gilt noch lange nicht als Okay für einen Brief. Bei der förmlichen Korrespondenz heißt es Finger weg von *„can you"* and *„I'm"*.

So schreiben Sie korrekte Briefe und E-Mails rund um Ihre Terminvereinbarungen

Vermeiden Sie unbedingt diese typischen Merkmale des gesprochenen Englisch im Geschäftsbrief:

- Abkürzungen wie: *I'm* und *won't*
- Umgangssprache: *make the 24th, call off*
- direkte Formulierungen: *Can you ...? Are you ...?*

In E-Mails sind diese Formulierungen allerdings **okay**. E-Mails im Amerikanischen und Englischen sind formloser, und Abkürzungen werden akzeptiert.

Im Brief verwenden Sie formelles Englisch

Dazu gehören indirekte Formulierungen bei Anfrage und Antwort, oft mit Möglichkeitsform (*could, would, might ...*), um Ihrem Gegenüber durch Ihre höfliche Haltung mehr Entscheidungsspielraum zu lassen. Also:

☹ **So nicht:** Can you please send me ...?

☺ **Besser so:** *I would appreciate it if you could send me ...*

Direkte Fragen machen Ihren Stil persönlicher und verbindlicher, passen also nur dann, wenn Sie Ihren Ansprechpartner kennen.

Indirekte Fragen sind höflicher als direkte Fragen. Direkte Fragen eignen sich eher für den Umgang mit Freundinnen als für den mit Geschäftspartnern.

Achtung! Datumsschreibweise:

Schreibweise in den USA: *March 27th, 20..*
Schreibweise in Großbritannien: *27th March 20..*

Im modernen Geschäftsbrief wird mittlerweile auf das „th" verzichtet.

Die zeitgemäßen Varianten lauten also:

USA: *March 27, 20..*
GB: *27 March 20..*

Formulierungen zur Terminvereinbarung – formelles Englisch

1. Anfrage Termin – request for a date

- Would it be possible to arrange a tour of the factory for Thursday, June 8?
- We would like to request a tour of the factory on 8 June 20..
- We would appreciate having a tour of the factory on June 8th, 20..
- Would you be free to meet on September 24?
- I would like to suggest a meeting in Munich on September 24.
- We would like to suggest a kick-off meeting at our offices in Frankfurt/Main on 24 September 20.. at 10 am.

2. Zusage Termin – acknowledgement of an appointment

- We would be delighted to give you a tour of the factory on the date requested.
- It would be a pleasure to welcome you here at our plant on June 8.
- We will be happy to give you a tour of our factory when you come to Munich.
- I would like to confirm our appointment for September 24 at 10 am.
- The time and date you suggest for our kick-off meeting would be convenient for me.
- I would be glad to come to Frankfurt/Main on 24 September for the meeting.

3. Absage Termin – cancellation of an appointment

- We regret the factory will be closed during the week of 5-9 June.
- Unfortunately, we cannot offer you a tour on the day you have requested.
- I regret I am unable to attend the meeting as scheduled.
- Unfortunately, I will not be available on September 24.
- Unfortunately, I will be out of town on business that week. I will not be back at the office until the following Monday. Please let me know whether we can postpone the meeting to the following Monday or Tuesday.
- Due to a change in schedule, I regret I must cancel my appointment with you on June 12.
- Unfortunately, a change in schedule has made it impossible for me to be in Berlin on the morning of the 12th.
- Could we possibly postpone our meeting until the late afternoon?
- Would you be free the following day?
- Could you please send me a fax to confirm our new appointment?
- I regret any inconvenience this change in plans may cause you.

Formelle Einladung zur Eröffnung einer neuen Filiale

Geschäftsführer → Geschäftspartner

Schmidt, Michels und Peters, eine Rechtsanwaltkanzlei, eröffnet eine Niederlassung in London und lädt Geschäftspartner zu einem Empfang ein.

WM/PP
12 April 20..

Schmidt, Michels und Peters
Stiftsstraße 88, 89726 München
Tel.: +49 89 112233-0
Fax: +49 89 112233-456
E-Mail: info@sinusgmbh.de
www.smp.de

Bigelow Bank
76 Mary Street
OXFORD
OX2 6TF
GROSSBRITANNIEN

Dear Mr Goodall

Schmidt, Michels und Peters are pleased to announce the opening of our new branch offices in Central London on 1 June 20... We cordially invite you to an Open House on Friday, 5 June from 5 to 8:30 p. m. in our new offices at 123 Hemmingway Circus.

We look forward to celebrating our move with a buffet and a performance by the Queen's Singers. Kindly respond on or before 24 May letting us know whether you will be attending.

Yours sincerely

Werner Michels

Werner Michels

RSVP

Return fax to number: 0049 89 112233 456

☐ accepts ☐ regrets
Number of persons attending: ____________________

„RSVP" am unteren linken Rand der Einladung ist die Abkürzung für „Répondez s'il vous plaît", das heißt, es wird um Antwort gebeten.

Sie können auch „Regrets only" schreiben und damit nur um Rückmeldung bitten, falls der eingeladene Teilnehmer absagen möchte.

Absage auf eine Einladung zur Eröffnung einer Filiale

Geschäftspartner → Geschäftsführer

Bigelow Bank
76 Mary Street
Oxford
OX2 6TF
United Kingdom

PG/RS
14 May 20 ..

Schmidt, Michels und Peters
Mr Werner Michels
Stiftsstraße 88
89726 München
Germany

Dear Mr Michels

Congratulations on the opening of your new office here in London. I regret I am unable to attend your opening celebrations. However, I look forward to having you here in London, and wish you all the best for your new venture in Great Britain.

Yours sincerely
Bigelow Bank

Phillip Goodall

Einladung zu einer Messe mit Faxantwort

Einkaufsleiterin ➔ Geschäftspartnerin

SINUS GmbH & Co. KG
Karlstraße 9, 10222 Berlin
Tel.: 030 112233-0
Fax: 030 112233-456
E-Mail: info@sinusgmbh.de
www.sinusgmbh.de

AFRITours
Ms Lindy Bresson
76 Mary Street
OXFORD
OX2 6TF
GROSSBRITANNIEN

Dear Ms Bresson

It is with great pleasure that we invite you to the Travel and Tourism 20.. Fair. This year's fair will be held in Berlin from 15 to the 19 September.

We will be presenting our newest line of ecological African adventure tours in a 'multimedia show and exhibition', at our stand throughout the fair. In addition, we would like to invite you to a panel discussion on "The Future of Adventure Tourism" on Tuesday, 16 September from 3 to 4:30 p.m., which we will be hosting. All of the speakers are recognised experts in their fields, and ample time will be scheduled for discussion.

You will find our stand in Hall 3, aisle B, No. 112. Please find enclosed a complimentary ticket to the Travel and Tourism 20.. Fair. If you have any questions or would like to make an appointment with us, please do not hesitate to let us know by using the enclosed fax reply form.

We hope to welcome you at our stand and look forward to receiving your reply.

Yours sincerely
SINUS GmbH & Co. KG

Bettina Willert
Bettina Willert
Purchasing Manager

Please return by fax: 0049 30 112233-456

- ❑ Yes, I will attend the Travel and Tourism Fair (15 – 19 September)
- ❑ I would like to request an appointment at your stand
  date and time: ______________________________
  special field of interest: ______________________________
- ❑ I regret I cannot come to the Travel and Tourism Fair.
- ❑ I cannot come, but I am interested in your latest line of African adventure tours – please send me more information.
- ❑ I am not interested in your products at the moment

Einladung zu einer Tagung

Geschäftsführer ➔ Geschäftspartner

TLS Consulting GmbH
Thalstraße 23, 40223 Düsseldorf
Tel.: 0211 778899-0
Fax: 0211 778899-333
E-Mail: info@tlsconsulting.com
www.tlsconsulting.com

PG/SE
15 November 20..

Intecta Ltd.
Marc Sneath
76 Arlington Road
LONDON
SW18 6TF
GROSSBRITANNIEN

Dear Mr Sneath

This year we will be hosting our annual convention on „CAD in Research and Development in Plastics" at the Marriott Hotel in Munich from 3 to 5 July. We hope that you will be attending again this year, as we do enjoy the exchange with our colleagues from Great Britain each year. We must call for your presentations to be sent no later than 25 June in order to complete a take-home CD. Please let us know how many colleagues from your company will be attending by return fax, so that we can reserve the appropriate number of rooms for you.

If there are any questions, please do not hesitate to call. We hope to see you at the convention, and look forward to receiving your reply.

Yours sincerely
TLS Consulting GmbH

Peter Gärtner

Absage einer bereits zugesagten Einladung

Geschäftspartner ➔ Geschäftsführer

Intecta Ltd.
Marc Sneath
76 Arlington Road
London
SW 18 6TF
Great Britain

JD/PT
22 December 20..

TLS Consulting GmbH
Herrn Peter Gärtner
Thalstraße 23
40223 Düsseldorf
Germany

Dear Mr Gärtner

I am writing on behalf of Mr Sneath in regard to the upcoming convention on "CAD in R&D". Unfortunately, due to time pressure resulting from a major contract deadline, Mr Sneath will not be able to attend the convention and must cancel his presentation. We regret this turn of events, and assure you that we are very sorry not to be able to participate in this year's conference as planned.

However, Mr Sneath has asked me to attend the conference on 3 and 4 July and to submit a short paper on a project we have been working on (see attachment). I would be grateful if you could confirm this change in plans and also reserve a room for me at the hotel for the night of 3 July.

I regret any inconvenience this may cause. Thank you very much for your help, and I look forward to your reply.

Yours sincerely
Intecta Ltd.

John Doe
Assistant Manager R&D

Beachten Sie: R&D steht für Research and Development.

Einladung eines Geschäftspartners zu einem Kick-off-Meeting

Geschäftsführer ➔ Geschäftspartner

An: ...	max.miller@intecta.com
CC: ...	
Betreff:	International network kick-off-meeting

Dear Max

As I mentioned on the phone, we have an invitation to tender for a major contract. I am very pleased that you have agreed to join us in this effort. I anticipate about six weeks of intensive work on this offer. Our colleagues in Networks and Telecommunications, Irina Kormatova and Eduardo Fernandez, will also be on the team. I would like to suggest a kick-off meeting at our branch office here in Dortmund next Monday, 2 May, at 9 a.m. Please let me know if you can arrange to be here.

I hope to receive your confirmation as soon as possible and look forward to working with you again.

With my best regards

Bernd Müller

Gerd Beimer GmbH
Am Markt 65, 59335 Dortmund
Tel.: 0231 9937-6, Fax: 0231 9937-63
E-Mail: info@gerd_beimer.de
www.gerd_beimer.de

Ankündigung einer Geschäftsreise

Vertriebsleiter Westeuropa ➔ Vertriebsleiter Australien

An: ...	t.mitchell@mobil-two.com
CC: ...	
Betreff:	Network

Dear Mr Mitchell:

Your address was given to me by my colleague Andrew Young as a contact in the sales division of Mobil-Two in Australia. As the regional sales manager for Western Europe at Mobil Two, I am interested in establishing a network throughout Mobil-Two, to improve our CRM and sales performance. Enclosed you will find a brief outline of the project I have in mind.

In this context, I am planning to travel to Australia to meet and talk to interested sales managers at ABD. I would be delighted if we could arrange such a meeting. I shall be in Sydney from June 12 to 15 and would appreciate your letting me know whether we might arrange to meet during that period.

Should you have any questions, please do not hesitate to call or mail me. I look forward to your response with great interest.

Yours sincerely,

Dieter Meier

Mobil-Two
Rehbergstraße 5, 46117 Oberhausen
Tel.: 0208 3215-11, Fax: 0208 3215-15
E-Mail: d_meier@mobil-two.com
www.mobil-two.com

Zimmerreservierung

Assistentin ➔ Hotel

An: ...	hilton-lasvegas@hilton.com
CC: ...	
Betreff:	Reservation

Dear Sir or Madam

We would like to book single rooms at the rate of $210 plus VAT for our staff and business partners as follows:

Jeff Overbeck (Haley Ltd, Export Department,
27 Oxford St., ...): 3 June – 5 June

Mary Mitchell (Haley Ltd, Research and Development, 27...):
3 June – 4 June

Michaela Wendig (Lomax Consulting, 101 Pickwick Lane ...):
3 June – 5 June

The individual parties are to be billed separately for their rooms as listed above.

Please let us know by return whether you have the necessary rooms available.

Yours faithfully
TFZ Bank

Sabine Peters
Personal Assistant

TFZ Bank
Finanzstraße 64, 65936 Frankfurt a. M.
Tel.: 069 615-617, Fax: 069 615-620
www.tfz-bank.de
E-Mail: sabinepeters@tfz-bank.de

Achtung, Fehler vermeiden!

Die größten Fehlerquellen rund um die Termin-Kommunikation liegen bei den Präpositionen, der Anwendung der Zeiten und den Höflichkeitsformen.

Wir haben hier die wichtigsten Wendungen für Sie zusammengestellt.

Präpositionen rund um Terminabsprachen

Richtig	Falsch
on Monday afternoon	at Monday ...
at 5 pm	on 5 pm
in the morning/afternoon/evening	on/at the morning
on the morning/afternoon/ evening of July 14	in the morning of
at the trade fair / Christmas / Easter	on the trade fair /Christmas / Easter

So weisen Sie auf Termine in der Zukunft hin

- *My boss is meeting a client in Hamburg next week.*
  Verwenden Sie die Verlaufsform der Gegenwart für abgesprochene, vereinbarte Termine.

- *We are going to present our new line at the trade fair.*
  Going-to-future für Absichtserklärungen (entspricht dem Ausdruck „Wir haben vor, ...“).

- *The presentation will probably take about an hour.*
  Verwenden Sie das Will-future für Prognosen.

- *I'll call you back in just a moment. – We will/shall reserve a room at the Royal Crown Hotel for you.*
  Verwenden Sie das Will-future ebenfalls für Versprechen. Das „shall“ gilt in diesem Fall als alte, etwas verbindlichere Form (nur bei „I/We“).

- *We will/shall be showing you our latest model. – My driver will be waiting for you at the airport.*
  Verwenden Sie die Verlaufsform der Zukunft, um den Anderen über einen zukünftigen Ablauf, hier den Ablauf des Termins, ins Bild zu setzen (sehr zuvorkommend!).

- *The flight leaves at 9 am.*
  Verwenden Sie die einfache Gegenwart für Fahrpläne (unpersönlich).

Unterschiede der britischen und amerikanischen Rechtschreibung

Wenn Sie sowohl mit dem britischen als auch mit dem amerikanischen Ausland korrespondieren, haben Sie vielleicht schon festgestellt, dass „der Amerikaner“ einige Wörter anders schreibt als „der Brite“. Tatsächlich ist Englisch nicht gleich Englisch; und einige Wörter werden in den USA anders geschrieben als in Großbritannien. Damit Sie wissen, welches die richtige Schreibweise für Ihren Brief ist, haben wir Ihnen eine Übersicht mit den Wörtern zusammengestellt, die im britischen und amerikanischen Englisch unterschiedlich sind.

Beachten Sie: Die Tabelle hat keinen Anspruch auf Vollständigkeit. Wir beschränken uns auf die Wörter, von denen wir glauben, dass Sie sie benutzen könnten.

British English	American English
acknowledgement	acknowledgment, acknowledgement
ageing	aging
aeroplane	airplane
aluminium	aluminum
among, amongst	among
analogue	analog
annex, annexe	annex
archaeology	archeology, archaeology
artefact	artifact
axe	ax, axe
banister, bannister	banister
behaviour	behavior
blonde (for female)	blond, blonde
calibre	caliber
cancelled	canceled, cancelled
catalogue	catalog(ue)
centre	center
cheque	check
chilli, chili	chili
cigarette	cigarette, cigaret
colour	color
connection, connexion	connection
cosy	cozy
counsellor	counselor
defence	defense
dialogue	dialog(ue)
diarrhoea	diarrhea
dispatch, despatch	dispatch
doughnut	donut, doughnut
draught	draft
encyclopedia, encyclopædia	encyclopedia
enquiry, inquiry	inquiry
favour	favor
flavour	flavor
fibre	fiber

British English	American English
flautist	flutist
foetus	fetus
forever, for ever	forever
fulfil, to	fulfill, fulfil, to
glamour	glamour, glamor
grey	gray
gynaecology	gynecology
harbour	harbor
homeopathy, homoeopathy	homeopathy
honour	honor
humour	humor
jewellery	jewelry
judgement	judgment
kilometre	kilometer
labour	labor
lasagne	lasagna
licence (noun)	license
litre	liter
manoeuvre	maneuver
marvellous	marvelous
metre	meter
neighbour	neighbor
oestrogen	estrogen
offence	offense
omelette	omelet, omelette
organisation	organization
programme, program	program
savour	savor
sceptical	skeptical
skilful	skillful, skilful
speciality	specialty
theatre	theater
theatregoer	theatergoer
travelling	traveling, travelling
vice	vise, vice
vigour	vigor
wagon, waggon	wagon

English on the phone

Hilfe für Profis und Einsteiger

Unsere Beispielformulierungen für die unterschiedlichsten Situationen geben nicht nur den erfahrenen Telefoniererinnen die Gewissheit, sich korrekt auszudrücken. Wenn Sie demnächst verstärkt in englischer Sprache telefonieren müssen, erhalten Sie die Sicherheit, die Sie sich zu Beginn einer neuen Aufgabe wünschen.

Sie rufen selbst an

Beginnen wir damit, dass Sie nicht den passiven, sondern den aktiven Part übernehmen und selbst ins Ausland telefonieren.

Wenn Sie selbst anrufen, könnten Sie so vorgehen

Englisch	Deutsch
Good morning/afternoon (selten: evening)! *This is Monika Schiller from BMW.*	Hier ist Monika Schiller von BMW.
I'm calling from Munich, Germany.	Ich rufe aus München, Deutschland an.
May I speak to Mr Fox, please?	Kann ich bitte Herrn Fox sprechen?

Wenn Sie den gewünschten Gesprächspartner in der Leitung haben, können Sie sagen

Englisch	Deutsch
Oh, Mr Fox, I'm really glad to get hold of you, oder *I'm happy to have you on the line.*	Ich bin froh, Sie am Telefon zu haben. (Sagen Sie dann, weshalb Sie anrufen.)

So melden Sie sich richtig

Erhalten Sie einen Anruf, beachten Sie: Wenn Sie über ein ISDN-Telefon mit Display verfügen und erkennen, dass es sich um eine Nummer aus dem nicht deutschsprachigen Ausland handelt, melden Sie sich bereits in englischer Sprache.

Sekada❖ empfiehlt: Sagen Sie zuerst: „Guten Morgen" oder „Guten Tag". Gerade bei kurzen Firmennamen stellen Sie so sicher, dass der Firmenname vom Anrufer verstanden wird.

Sie werden angerufen und so melden Sie sich

Englisch	Deutsch
Good morning/afternoon (selten: evening)!	Guten Morgen.
This is BMW. My name is Monika Schiller.	Hier ist BMW. Mein Name ist Monika Schiller.

Wichtig ist, so höflich und freundlich wie möglich zu sprechen, um den Anrufer für sich zu gewinnen und einen guten ersten Eindruck der Firma zu hinterlassen.

Stellen Sie erst nach dem Abnehmen des Hörers fest, dass es sich um einen Anruf aus dem Ausland handelt, melden Sie sich im Nachhinein in englischer Sprache.

Sie kennen den Anrufer

Ein herzliches Willkommen ist ideal, um die Beziehung zu Ihren Kunden und Geschäftspartnern zu pflegen. Wenn Sie nach ein paar netten Worten suchen, um einen Ihnen bekannten Anrufer entsprechend zu begrüßen, hier einige Formulierungsvorschläge.

Englisch	Deutsch
Oh, Mr Fox, how nice to hear from you.	Nett, dass Sie anrufen!
Oh, Mr Fox, it's nice to hear from you.	Schön, von Ihnen zu hören!

So führen Sie Smalltalk

Wenn Sie nach Themen für ein wenig Smalltalk suchen, hier ein paar Vorschläge:

Allgemeine Floskel

Englisch	Deutsch
How are things in London?	Und wie läuft's bei Ihnen?
How's life at Shell?	Wie geht's bei Shell?

Wetter

Das Thema Wetter geht immer. Vor allen Dingen liebt es der Engländer, über das Wetter zu sprechen.

Englisch	Deutsch
How's the weather in Hull?	Wie ist das Wetter in Hull?
What's the weather like in London?	Wie ist das Wetter in London?

Mögliche Reaktionen seitens Ihres Gesprächspartners und wie Sie selbst auf die Wetterfrage reagieren könnten:

Englisch	Deutsch
It's nice and sunny over here.	Bei uns ist es richtig schön; die Sonne scheint.
It's pouring with rain. Oder: *It's throwing it down with rain.*	Es gießt aus allen Wolken.
It's not very nice – it's freezing cold.	Es ist nicht sehr schön, es ist eiskalt.

Ihre Reaktion auf schlechtes Wetter:

Englisch	Deutsch
Oh, dear me – it's not very nice here, either.	Sie Ärmster! Bei uns ist es auch nicht sehr schön.
Oh, dear me – but it's raining here, as well.	Sie Ärmster! Aber hier regnet es auch.

Ihre Reaktion auf gutes Wetter:

Englisch	Deutsch
Oh, that sounds nice.	Das hört sich gut an.

Gesundheit

Wenn Ihr Gesprächspartner offensichtlich nicht ganz gesund ist, können Sie auch dieses Thema ansprechen.

Englisch	Deutsch
You seem to have caught a cold.	Sie scheinen sich erkältet zu haben.

Familie

Schneiden Sie das Thema nur an, wenn Sie den Anrufer gut kennen und Ihnen über die Familie Einzelheiten bekannt sind. Peinlich wäre die Frage nach der Ehefrau, wenn eine Scheidung kurz bevorsteht.

Englisch	Deutsch
How's the family?	Wie geht's Ihrer Familie?
How's your wife?	Wie geht's Ihrer Frau?

Geht es der Familie oder der Frau gut, antworten Sie:

Englisch	Deutsch
That's good to hear.	Das ist schön.

Geht es einem Familienmitglied nicht so gut, können Sie so antworten:

Englisch	Deutsch
I hope she's feeling better soon.	Ich hoffe, es geht ihr bald besser.
My best wishes for a quick recovery.	Meine besten Wünsche für baldige Besserung.
Give my best regards to your wife/husband/etc.	Bitte übermitteln Sie meine besten Wünsche an Ihre Frau/Ihren Ehemann/etc.

So fragen Sie nach dem Namen

Fragen Sie richtig nach, wenn Sie den Namen nicht verstanden haben

Englisch	Deutsch
I'm sorry, what did you say your name was?	Sagen Sie mir Ihren Namen bitte noch einmal?
Did I get your name correctly? Gillespie?	Habe ich Ihren Namen richtig verstanden? Gillespie?

Wenn sich jemand meldet, ohne seinen Namen zu nennen, fragen Sie

Englisch	Deutsch
Who shall I say is calling?	Wie ist Ihr Name, bitte?
May I ask who's calling?	Darf ich fragen, wer am Apparat ist?

Wenn Sie sich den Namen buchstabieren lassen möchten

Englisch	Deutsch
Could you please spell your name?	Würden Sie mir bitte Ihren Namen buchstabieren?
Did I get your name correctly?	Habe ich Ihren Namen richtig verstanden?

Dann buchstabieren Sie den Namen des Anrufers, der Sie dann korrigieren wird, wenn ein Hörfehler aufgetreten ist. Dies ist ausgesprochen professionell.

Beim Kommunizieren mit Unbekannten können Sie durchaus ein „Sir“ oder „Madam“ einfließen lassen. Aber nicht zu oft – es ist sonst zu unterwürfig.

Der Anrufer äußert seinen Wunsch, mit wem er gerne sprechen möchte.

Nun ergeben sich folgende Möglichkeiten:

Der gewünschte Ansprechpartner ist nicht im Haus

Englisch	Deutsch
I'm sorry, Mr Fox/Mrs Brown is not in the office.	Es tut mir leid, Mr Fox/Mrs Brown ist nicht im Büro.
Sorry, he/she has gone out.	Es tut mir leid, aber er/sie ist nicht da.
I'm sorry, he/she is not available at the moment.	Es tut mir leid, aber er/sie ist im Augenblick nicht da.
I'm afraid he/she is not at his/her desk.	Es tut mir leid, er ist gerade nicht an seinem Platz.
He/She is in a meeting.	Es ist gerade in einer Besprechung.

Der Auskunft, dass jemand gerade nicht zu sprechen sei, muss einer der folgenden Sätze folgen

Englisch	Deutsch
Shall I page him/her?	Soll ich ihn/sie anpiepen/ausrufen?
Do you want to contact him/her on his cell phone?	Möchten Sie ihn/sie auf dem Handy anrufen?
Can I take a message?	Möchten Sie eine Nachricht hinterlassen?
Would you like to leave a message or would you rather call again?	Möchten Sie eine Nachricht hinterlassen oder es noch einmal versuchen?
He will be back at around 4 pm.	Er wird gegen 16 Uhr wieder hier sein.

Der gewünschte Ansprechpartner ist anwesend ...

... und es ergeben sich folgende Möglichkeiten:

Sie stellen durch

Englisch	Deutsch
One second, please, I'll put you through!	Augenblick – ich stelle Sie durch.
Mr Schmidt is free now. I'm putting you through. Thank you for waiting.	Herr Schmidt ist jetzt da/er ist jetzt zu sprechen, ich stelle Sie durch. Vielen Dank, dass Sie gewartet haben.

Die gewünschte Leitung ist kurzfristig besetzt

Englisch	Deutsch
Ms Müller is on another call, do you want to hold the line?	Frau Müller spricht gerade. Möchten Sie einen Augenblick warten?
The line is engaged (U. S.: busy), do you want to wait or shall I put you through to Mr Schneider or somebody else?	Er spricht gerade. Möchten Sie warten oder soll ich Sie mit Herrn Schneider oder jemand anderem verbinden?

Die Leitung des Ansprechpartners ist länger besetzt

Englisch	Deutsch
I'm afraid Mr Müller's line is busy. Would you like me to take a message or would you like to call again?	Es tut mir leid, aber Herr Müller telefoniert gerade. Möchten Sie eine Nachricht hinterlassen oder lieber noch mal anrufen?

So reagieren Sie, wenn der Anrufer ungeduldig wird

Er sagt: *I've been holding on for ages and finally you put me through to the wrong department.* – Erst musste ich ewig warten, und jetzt bin ich auch noch an die falsche Abteilung verbunden worden!

Oder: *You gave me the wrong extension. I can't hold any longer.* – Sie haben mir die falsche Durchwahl gegeben, jetzt habe ich keine Zeit mehr und muss auflegen!

Sie könnten sagen

Englisch	Deutsch
I'm really sorry for the inconvenience.	Es tut mir sehr leid. (inconvenience = Unannehmlichkeit)
I'm really sorry to have kept you waiting. But it looks as if the line is free, now.	Es tut mir wirklich leid, dass Sie so lange warten mussten. Aber jetzt ist die Leitung frei.
Could we possibly call you back later? When would it be convenient?	Könnten wir Sie vielleicht später zurückrufen? Wann würde es Ihnen zeitlich passen?

Ist der Anruf wirklich wichtig?

Im Sekretariat sind Sie in der Regel gehalten, Anrufer zu beurteilen: Wer muss tatsächlich Ihren Chef sprechen, was können Sie klären, mit wem möchte er nicht sprechen?

Dieses „Durchleuchten" der Anrufer heißt „Screening". So funktioniert's auf Englisch

Englisch	Deutsch
Is Mr Müller expecting your call?	Weiß Herr Müller, worum es geht?
May I tell him who's calling?	Sagen Sie mir bitte Ihren Namen.
If you could tell me what your call is about, he can return your call when he is back.	Wenn Sie mir sagen, um was es geht, kann ich ihn vorbereiten, ehe er Sie zurückruft.
Would you care to talk to Mr Schneider or our Service/Sales/Marketing Department? He/They can probably solve your problem.	Kann ich Sie mit Herrn Schneider verbinden? Er wird Ihnen sicher weiterhelfen können.
Mr Schwarz is familiar with that subject, may I transfer you to him?	Herr Schwarz kennt sich damit aus. Kann ich Sie mit ihm verbinden?

Formulierungen, wenn Sie eine Nachricht entgegennehmen

Englisch	Deutsch
May I give Mr Müller your phone number?	Kann Herr Müller Sie zurückrufen?
May I take a message?	Möchten Sie eine Nachricht hinterlassen?
Should I ask him to call you back?	Soll er Sie zurückrufen?
I'll fill him in on this matter tomorrow morning.	Ich werde ihm/ihr morgen früh Ihr Problem schildern.
I'll tell Mr Müller about your call when he comes back to the office/when he calls.	Ich werde Herrn Müller sagen, dass Sie angerufen haben, wenn er wieder da ist/wenn er anruft.

Sekada❖ empfiehlt: Wenn Sie Ihrem Chef so viele Gespräche wie möglich abnehmen möchten, sagen Sie am besten, wenn Ihr Chef gerade nicht zu sprechen ist: How may I help you? Mit dieser Frage strahlen Sie mehr Kompetenz aus als mit *May I help you?*, und der Anrufer ist eher geneigt, Ihnen sein Anliegen zu schildern. Testen Sie es, es funktioniert!

Sie kümmern sich selbst um die Angelegenheit

Englisch	Deutsch
Thank you for calling. *That will be taken care of today.*	Danke für Ihren Anruf, ich werde das heute erledigen.
So we will send the details tomorrow.	Morgen werde ich Ihnen die Einzelheiten von dieser Sache übermitteln.
Well, Mr Müller will meet you at the airport at *10 pm tomorrow night and take you to the hotel.*	Gut, Herr Müller wird Sie morgen Abend am Flughafen begrüßen und Sie ins Hotel bringen.
We shall keep your instructions in mind, *and I'm sure you will be pleased with our work.*	Wir werden Ihre Anmerkungen berücksichtigen, und Sie werden sicher zufrieden sein.
I'll call you tomorrow morning to tell you *which flight your equipment will be on.*	Ich werde Sie morgen früh anrufen und Ihnen mit- teilen, mit welchem Flug wir Ihnen die Geräte schicken.

So treffen Sie Terminabsprachen

Englisch	Deutsch
When can we get together? *Would Monday suit your schedule?* *Would Monday be convenient?*	Wann würde der Termin passen? Passt Montag vielleicht in den Terminkalender?
We could have a working lunch at noon. *Would that be all right?*	Wir könnten uns zu einem Arbeitsessen um 12 Uhr mittags treffen, geht das?
What about 5 pm? Would that be a good time, *or would you prefer a little later?*	Wie wäre 17 Uhr? Ist das passend? Oder lieber etwas später?

Sie rufen an und möchten einen Termin ändern

Englisch	Deutsch
I'm afraid Mrs Müller won't be able to keep *this appointment/has to cancel this appointment.* *She asked me to arrange a more convenient time.* *How about Friday, the 23rd of April?*	Es tut mir leid, Frau Müller kann diesen Termin nicht einhalten. Wenn es Ihnen nichts ausmacht, sollten wir einen besseren finden. Was halten Sie von Freitag, den 23. April?
I have to postpone our meeting to Thursday, *as Mr Schneider has to attend an important* *conference.*	Leider müssen wir unseren Termin auf Donnerstag verschieben, da Herr Schneider an einer wichtigen Konferenz teilnehmen muss.
Please convey my apologies to your boss, but *something completely unforeseen has arisen.*	Bitte sagen Sie Ihrem Chef, dass es mir leid tut, aber etwas Unvorhergesehenes ist passiert.

Sie müssen Ihren Anrufer unterbrechen

Englisch	Deutsch
Just a moment. May I interrupt you?	Ein Augenblick. Kann ich Sie da gerade mal unterbrechen?
Excuse me for interrupting you, but ...	Es tut mir leid, dass ich Sie unterbrechen muss, aber ...
I'm afraid I must interrupt you.	Es tut mir leid, aber ich muss Sie unterbrechen.

Sie müssen aus Zeitnot ein Gespräch abbrechen

Englisch	Deutsch
I'm sorry, I have to cut this short.	Ich muss leider gleich aufhören.
I'm hard pressed for time.	Ich bin in Eile.
I've got a full schedule.	Ich habe einen vollen Terminkalender.
I'm sorry, I have to leave now.	Es tut mir leid, ich muss jetzt leider auflegen.

Wie Sie auf Beschwerden reagieren

Anrufer: *I have a serious complaint to make.* – Ich muss mich leider beschweren.	**Sie:** *May I ask what the problem is?* – Darf ich fragen, worum es geht?
Der Anrufer berichtet.	**Sie:** *I'm awfully sorry to hear that.* – Das tut mir schrecklich leid. *Please accept our apologies.* – Bitte entschuldigen Sie.
	Sie bieten eine Lösung an: *I suggest we treat the problem in the following way.* – Können wir das Problem wie folgt behandeln?
	Sie sagen zum Schluss: *I'm relieved we managed to sort it all out. Goodbye.* – Ich bin erleichtert, dass wir eine zufrieden stellende Lösung gefunden haben, auf Wiederhören!
Ihr Kunde ist hoffentlich mit Ihrer Lösung zufrieden.	

Ihr Anrufer äußert verschiedene Beschwerden

Anrufer:	**Sie können darauf antworten:**
I'm afraid I can't accept that. – Das kann ich nicht akzeptieren.	*We do owe you an apology.* – Wir müssen uns wirklich entschuldigen.
I've been totally dissatisfied with your customer service. – Ich bin mit Ihrem Kundendienst äußerst unzufrieden.	*I realise that this may put you in a difficult position.* – Mir ist klar, dass Sie dadurch Schwierigkeiten gehabt haben.
	Something has obviously gone wrong. We'll check the problem and call you back immediately. – Irgendetwas ist schief gelaufen. Ich prüfe die Angelegenheit und rufe Sie gleich zurück.

So reagieren Sie, wenn Sie den Anrufer nicht verstehen

Englisch	Deutsch
I didn't quite catch your name. Could you repeat it, please?	Ich habe Ihren Namen leider nicht verstanden, könnten Sie ihn wiederholen?
The line is bad.	Die Verbindung ist sehr schlecht.
You're breaking up.	Sie sind in einem Funkloch.
The connection is really bad. Can I reach you on a landline?	Die Verbindung ist sehr schlecht. Kann ich Sie auf einem Fesstnetzanschluss erreichen?
We've got a crossed line.	Die Leitung ist doppelt belegt. Es ist noch jemand in der Leitung.
I can hardly hear you/your voice.	Ich kann Sie/Ihre Stimme kaum verstehen.
I can't make out what you're saying.	Ich verstehe nicht, was Sie sagen.
I'm afraid I missed what you just said.	Leider habe ich nicht alles mitbekommen.
There is so much noise around me, I'm not sure whether I got that right.	Hier ist so viel Lärm im Raum, ich bin nicht sicher, ob ich das richtig verstanden habe.
There is an awful noise, I hope you can hear me properly.	Um mich herum ist es sehr laut. Ich hoffe, Sie können mich gut verstehen.

Wenn einer undeutlich spricht, sagen Sie

Englisch	Deutsch
Could you speak louder/up, please?	Könnten Sie etwas lauter sprechen?
Could you speak more clearly/slowly, please?	Könnten Sie versuchen, etwas klarer und langsamer zu formulieren?
Sorry, I didn't catch (get) that.	Es tut mir leid, aber das habe ich nicht ganz mitbekommen.

Wie Sie das Gespräch stilvoll beenden

Englisch	Deutsch
Thank you for calling, goodbye.	Danke für Ihren Anruf.
It has been a pleasure speaking to you, goodbye.	Ich habe mich gefreut, mit Ihnen zu sprechen.
Thanks a lot, you have been most helpful, bye-bye.	Vielen Dank, Sie haben mir sehr weitergeholfen.
You're welcome, see you next week, bye-bye.	Gern geschehen. Bis nächste Woche.
I'd better let you get on with your work, bye-bye.	Ich glaube, wir sollten jetzt aufhören. Sonst halte ich Sie zu lange von Ihrer Arbeit ab.
It was nice to hear from you.	Schön, dass Sie angerufen haben.
Anything else I can do for you?	Kann ich noch etwas für Sie tun?
I think that's it for now.	Ich glaube, jetzt haben wir alles besprochen.
Thank you for ringing/calling and keep in touch.	Vielen Dank, dass Sie angerufen haben, und bis bald!
Well, I guess that's all for now. Well I guess that about wraps it up for now.	Nun glaube ich, es ist alles gesagt worden.
I'm very grateful for your assistance.	Vielen Dank für Ihre Hilfe.
Anwort: *You're welcome.*	Gern geschehen.
Have a nice day.	Einen schönen Tag noch.

6 häufige Fehlerquellen für deutsche Muttersprachler

1. „Bitte" (als Antwort) im Sinne von „bitteschön" kann niemals mit „please" übersetzt werden. Es muss heißen: *It's my pleasure* oder *You're welcome.*

2. *Information, advice* (Ratschläge), *news* (Nachrichten), *inconvenience* (Unannehmlichkeiten), *work* (Arbeit) und *experience* (Erfahrungen) werden immer in der Einzahl gebraucht, weil sie nicht zählbar sind.

Beispiel: „advices" oder „experiences" ist also nicht möglich.

3. Es heißt: *some information* und nicht *an information.*

4. Zwei gleiche Zahlen werden oft mit *double* angegeben, zum Beispiel *double 0* (Aussprache: O wie der Buchstabe, nicht: Zero).

5. „Vor zwei Wochen" heißt *two weeks ago,* nicht *before two weeks.*

6. „Vor kurzer Zeit" heißt nur *recently.*

So buchstabieren Sie international

Es sind oft Kleinigkeiten, die den Erfolg oder Misserfolg eines Gesprächs ausmachen. Da ausländische Gesprächspartner nur selten mit deutschen Namen und Bezeichnungen vertraut sind, wird es immer wieder vorkommen, dass Sie einen Namen oder ein Wort buchstabieren müssen.

Damit Ihnen dies reibungslos von den Lippen geht, sollten Sie sicherheitshalber das internationale Pilotenalphabet zur Hand haben oder auswendig lernen. Es wird nicht nur in Großbritannien, sondern auf der ganzen Welt verstanden.

Pilotenalphabet – how to spell correctly in an international context			
A = Alpha	H = Hotel	O = Oscar	V = Victor
B = Bravo	I = India	P = Papa	W = Whisky
C = Charlie	J = Juliet	Q = Quebec	X = X-Ray
D = Delta	K = Kilo	R = Romeo	Y = Yankee
E = Echo	L = Lima	S = Sierra	Z = Zulu
F = Foxtrot	M = Mike	T = Tango	
G = Golf	N = November	U = Uniform	

English on the phone – Das sollten Sie außerdem beachten

- Stellen Sie sich darauf ein: Die englische Sprache ist wesentlich höflicher als die deutsche.
- Sparen Sie nicht mit Formulierungen wie *may I* (anstelle von *can I*) und *please,* wenn Sie um etwas bitten.
- Ziehen Sie *you're welcome* (gern geschehen) der Formulierung *no problem* vor.
- Bei Gesprächen ins Ausland ist es besonders wichtig, die direkte Durchwahl des Ansprechpartners anzuwählen – das spart Telefonkosten!
- Erwähnen Sie, dass es sich um einen *long distance* oder *intercontinental call* handelt, wenn Sie ins Ausland telefonieren. Auch das hilft, Kosten zu sparen.

- Wenn Sie mit dem Vornamen angesprochen werden, können Sie den Anderen auch mit seinem Vornamen anreden.
- Wenn Sie selbst im englischsprachigen Ausland anrufen, melden Sie sich bitte mit Firmennamen und Ihrem eigenen vollständigen Namen.
- Halten Sie das Buchstabier-Alphabet immer in Reichweite.

Wichtiges Vokabular, das Sie immer parat haben sollten

Wir haben hier für Sie eine Liste der am Telefon am häufigsten gebrauchten Wörter zusammengestellt, damit Sie im Bedarfsfall rasch nachschlagen können – schneller als im Wörterbuch.

Am Telefon häufig gebrauchte Wörter

Deutsch	Englisch
Akku, leer	empty battery
Akku, aufladen	to recharge the battery
Amtszeichen	dialling tone
Anruf, gespeichert	recorded message
Anweisungen	instructions
Auslandsgespräch	international/intercontinental call
beruhigen	to calm down
Chef einer AG	CEO (Chief Executive Oficer)
Chef	boss, superior
durchkommen (Telefon)	to get through
Durchwahl/Nebenstelle	extension
Durchwählen	to dial direct
Erstaunen	astonishment
erwähnen	to mention
Es macht nichts	Never mind!
es nicht schaffen	to not make it, not succeed
Fernverbindung	long-distance call
festgesetzte Zeit	agreed time/hour
Festnetzanschluss	landline
Filiale	branch/subsidiary
Funkloch (in einem sein)	to be breaking up
gebührenfreier Anruf	toll-free call
Gelegenheit	opportunity
geschäftlich	on business
Gespräch mit Voranmeldung	person-to-person call
Handy	mobile (phone) (UK) / cell (phone) (US)
Hauptniederlassung	headquarters
Haussprechanlage	intercom
Hörer auflegen	to hang up
Hörer aufnehmen	to pick up/to lift the receiver
Ich freue mich darauf, Sie kennen zu lernen.	I'm looking forward to meeting you,
im Auftrag von	on behalf of
Informationen	data, details, pieces of information
interne Verbindung	internal call
Können, Fertigkeiten	skills/performance
Landesvorwahl	country code
Leitung unterbrechen	to cut off/to disconnect
misstrauisch	suspicious
missverstehen	misunderstand
Nachricht aufnehmen	to take (write down) a message
Namen vergessen	the name has slipped my mind
Nebenstelle/Durchwahl	extension
noch (nicht)	yet
Notruf	emergency call
Nummer suchen	to look up
Ortsgespräch	local call
Personal	staff, personnel, crew
Postleitzahl	post code (USA: zip code)
potenzieller Kunde	potential customer, prospect
Präsident einer AG	president of a corporation
Reiseplan	itinerary
R-Gespräch	call with reversed charges/ charged, collect call
sich beeilen	to hurry, to rush
stören	to disturb
stornieren	to cancel
Tagesprogramm	schedule
Telefonbuch	directory
telefonieren	to ring/to make a phone call, to call
Telefonkunde	subscriber
Telefonzentrale	operator/telephone exchange
Termin festlegen	to fix a meeting
Terminkalender	calendar/diary
Tochtergesellschaft	subsidiary/affiliated branch
übereinstimmen/ nicht übereinstimmen	to agree/to disagree
umleiten	to transfer
Unternehmer	businessperson
unternehmerisch	entrepreneurial
verbinden	to put through/to connect
Verbindungsstelle	switchboard
verschieben	to postpone, to move, to put off
vertreten	to represent/to be in charge of
vorlesen	to read aloud
Vorrang	priority
Vorwahl ohne 0	area code minus the initial 0
wählen	to dial
warten (in der Leitung)	to wait/to hold on/to put (you) on hold
weiterleiten	to pass on/transfer
wiederholen	to repeat
Zeitplan	schedule
Zentrale	switchboard / reception
zurückrufen	to call back/to ring back

USA-Knigge

Alles was Sie und Ihr Chef wissen sollten, um die schlimmsten Fettnäpfchen zu vermeiden

Wie locker sind die Amerikaner wirklich?

Vielfach wird angenommen: „Im Land der unbegrenzten Möglichkeiten geht alles ganz locker zu. Umgangsformenregeln sind dort nicht so wichtig." Doch das ist eine falsche Meinung, die fatale Folgen haben kann! Zwar kommt man im Privatleben im Allgemeinen ohne auffallende Förmlichkeit aus – nie aber ohne Höflichkeitsformen! Und zwischen dieser privaten Lockerheit und den Etiketteregeln im Geschäftsleben liegen Welten.

Welche Unterschiede zu deutschen Gepflogenheiten Sie bei einer (Geschäfts-)Reise in die USA kennen und beachten sollten, lesen Sie in diesem alphabetisch gegliederten Kapitel.

Abstand wahren

Geduldiges Schlangestehen ist in den USA genauso selbstverständlich wie in Großbritannien. Ebenso selbstredend wird in allen Situationen, in denen Diskretion erwünscht ist, Abstand gehalten – und zwar ohne die in Deutschland dafür offensichtlich notwendigen Hilfsmittel.

Beispiel Post: Nachdem Schilder mit der höflichen Aufforderung „Bitte Abstand halten" anscheinend nicht den erhofften Erfolg gebracht haben, gibt es in vielen deutschen Schalterhallen jetzt mit Absperrgurten markierte Wartezonen! Solche Maßnahmen sind in den USA überflüssig.

Ein gelber oder weißer Strich auf dem Fußboden vor einem Serviceschalter hat die Aussagekraft einer roten Ampel. Beachten Sie dieses Signal unbedingt, wenn Sie nicht als rüpelhaft eingestuft werden wollen.

Anrede

Dass auch im Geschäftsleben sehr schnell zur Anrede mit dem Vornamen übergegangen wird, ist weitgehend bekannt. Überlassen Sie die Initiative zu diesem Schritt immer der oder dem in den USA Besuchten.

Hören Sie beispielsweise bei einem ersten Geschäftstreffen von Ihrem Geschäftspartner nach der Begrüßung *Hello, I'm Tom Willingham, welcome to the States* und wenige Sätze später *Please call me Tom,* können Sie sich eine Erwiderung wie *and I'm Peter* sparen. Das „Bitte-nenn-mich-Tom-Angebot" impliziert automatisch, dass Sie ebenfalls mit dem Vornamen angeredet werden.

Anredeformen bei hierarchischen Unterschieden

Das gerade beschriebene Ritual findet unter etwa gleichgestellten Personen statt. Bei größeren hierarchischen Unterschieden gelten andere Anredeformen als höflich. So würde beispielsweise der Chauffeur Ihres Geschäftspartners, falls er Sie/Ihren Chef etwa vom Flugplatz abholt, Sie mit „Madam" und Ihren Chef mit „Sir" anreden.

Die korrekte Anrede bei hierarchischen Unterschieden „von oben nach unten" sowie unter Fremden ist die Kombination von „Mister" (Mr), „Misses" (Mrs) oder Mizz (Ms) und dem Nachnamen. Wie in Deutschland das „Fräulein" ist in den USA „Miss" als Anrede für erwachsene Frauen verpönt.

Anrede von Personen mit Doktortitel

Personen, die einen Doktortitel haben, werden nur in akademischen oder wissenschaftlichen Kreisen „Doctor" genannt, wo es eine Bedeutung hat. Es wird als hochgestochen angesehen, wenn eine Person den Doktortitel in anderen Fällen benutzt. Achten Sie, beziehungsweise Ihr Chef darauf, dass er in den USA nicht ständig seinen Doktortitel „heraushängen" lässt.

Sonderfälle bei Anreden

Das „Sir" oder „Madam" für Höhergestellte können Sie als respektvolle Anrede für Personen verwenden, deren Namen Sie nicht kennen.

Beispiel: Sie wollen jemanden nach dem Weg fragen:
Excuse me Sir (Madam), could you please help me to find ...

Stellt sich Ihnen jemand nur mit dem Vornamen vor, beispielsweise eine Restaurantfachkraft, ist die Anrede mit dem Vornamen selbstverständlich korrekt.

Begrüßung

Der Handschlag findet in den USA nicht so häufig statt wie in Deutschland. In der Regel begrüßt man sich beim Kennenlernen mit Handschlag, danach bei weiteren Treffen nicht mehr. Amerikanische Männer waren bis zum letzten Quartal des 20. Jahrhunderts gehalten, die Hand einer Frau nicht zu schütteln, außer wenn diese ihre Hand zuerst angeboten hatte. Das ist nicht mehr richtig.

Die erste Person, die ihre Hand reicht, wird – unabhängig vom Geschlecht – als warme, freundliche, korrekte Person angesehen.

Business-Lunch

In der Regel wird ein Business-Lunch nicht als kulinarische Orgie mit wer weiß wie vielen Gängen geplant. Ein Nudelgericht, ein Sandwich oder ein Steak mit Salat können ausreichen. Dazu gibt es in den meisten Fällen keinen, hin und wieder nur ganz wenig Alkohol.

Während des Essens können Sie ruhig über das Geschäftliche sprechen. Nur in den ersten zehn oder 15 Minuten sollte Smalltalk gemacht werden, um das Gespräch über das Geschäft auf entspannte Art einzuleiten.

Einladungen, privat

Häufiger als bei uns lassen amerikanische Geschäftsleute den Berufsalltag mit ihrem Geschäftsbesuch zu Hause ausklingen. Erwarten Sie dann keine festlich gedeckte Tafel oder eine protokollgerechte Einladung. Solche Treffen werden informell gesehen. Der familiäre Rahmen wird bewusst betont. Mit einer zusätzlich für Sie in den Ofen geschobenen Pizza oder einem weiteren, Ihnen zugedachten Hamburger werden Sie als Teil der „erweiterten" Familie willkommen geheißen.

So ist es nicht verpönt, dass Sie sich als Gast in der Küche aufhalten oder beim Abräumen des Tisches helfen. Eventuell wird man Ihnen sogar das ganze Haus einschließlich der Schlaf- und Kinderzimmer zeigen. Lockere – natürlich gepflegte – Freizeitkleidung passt zu einer solchen informellen Einladung.

Vorsicht: Bei bestimmten Anlässen wird es traditionell!

Werden Sie zu traditionellen Festen wie Ostern oder Erntedank, vielleicht sogar zu einer Hochzeit eingeladen, verliert das eben Beschriebene seine Gültigkeit. In manchen Regionen wird beispielsweise zu Ostern edle Sonntagskleidung getragen. Mancherorts werden dann auch Traditionen gepflegt wie diese: Der Vater sitzt als Familienoberhaupt am Kopfende des Tisches. Er schneidet nach dem Tischgebet das Fleisch und bedient, angefangen vom Gast über die Dame des Hauses bis zu den Kindern, alle mit dem Leckerbissen.

Kleiden Sie sich zu solchen und anderen offiziellen Anlässen immer formell.

Gastgeschenke

Bei einer privaten Einladung sind Blumen für die Gastgeberin immer richtig. Allerdings: Es ist in den USA eher üblich, die Blumen am Tag vor der Party oder am Tag danach als Dank zu schicken. Auf jeden Fall sollten Sie am nächsten Tag anrufen und sich für die Einladung bedanken.

Amerikaner haben keine kulturellen Tabus in Bezug auf bestimmte Arten oder Farben von Blumen. Rote Rosen sind jedoch auch in Amerika den Liebenden vorbehalten.

Falls Sie kein Blumengeschäft finden – was in manchen Städten möglich sein kann –, können Sie auf eine andere Kleinigkeit als Dankeschön ausweichen: auf ein paar *„sweets“* für die Kinder, eine süße Köstlichkeit für die Dame des Hauses als Blumenersatz oder auch einen „guten Tropfen“ für den Hausherrn. Es ist in den USA nicht verpönt, ein Getränk zum Gelingen des Abends beizusteuern. Wundern Sie sich dann nicht, wenn beispielsweise Ihre als Gastgeschenk überreichte Flasche Wein direkt geöffnet wird und Sie quasi „Ihren Wein“ angeboten bekommen.

Decken Sie sich mit „typisch Deutschem“ ein

Es gibt kaum ein anderes Land, in dem so ausgeprägte Stereotypen verbreitet sind über das, was typisch deutsch ist. Organisieren Sie für die USA-Reise Ihres Chefs deshalb rechtzeitig eine Sammlung von landestypischen Kleinigkeiten.

Falls Sie kein Fan von Bier- oder Schnapsseideln mit Zinndeckel, Porzellanfiguren von Hummel, Kuckucksuhren oder ähnlichen, manchmal leicht kitschigen Dingen, sind, haben Sie zwei Möglichkeiten: Entweder stellen Sie Ihren Geschmack hintenan und verschenken solche „deutschen“ Produkte trotzdem. Schließlich können Sie ziemlich sicher sein, damit Freude zu bereiten. Oder Sie weichen auf neutralere Präsente aus, wie auf deutschen Wein, einen Bildband Ihrer Heimatstadt, eine CD mit deutschen Volksliedern oder von den Berliner Philharmonikern und Ähnliches.

Kartengrüße

Auch im Geschäftsleben sollten Sie die private Komponente nicht vergessen. Mit einem persönlichen Brief, den Sie geschäftlichen Vorgängen hinzufügen, können Sie Kontakte pflegen und vertiefen. Eine besondere Rolle spielen dabei ausgefallene Gruß- und Glückwunschkarten. Oft werden solche Karten gesammelt. Es gibt in den USA eine richtige Bildpostkarten-Kultur. Zu Fest- und Feiertagen sollten Sie deshalb eine mit Sorgfalt ausgesuchte Grußkarte verschicken.

Von besonderer Bedeutung sind dabei die Weihnachtskarten. Die werden teilweise während der Feiertage als zusätzliche Dekoration des Heims genutzt, zum Beispiel auf dem Kaminsims aufgestellt. Wählen Sie für solche *„Season's Greetings“* deshalb ausgefallene und exquisite Karten.

Kleidung

In der letzten Zeit mehren sich in der deutschen Presse die Schlagzeilen über den „casual Friday" im amerikanischen Geschäftsleben. Lassen Sie sich davon beim Kofferpacken für eine Geschäftsreise in die USA nicht „verführen", selbst dann nicht, wenn Sie dort einen Geschäftstermin am Freitag und anschließend ein freies Wochenende vor sich haben. Der Grund: Längst nicht alle Firmen haben jeden Freitag die legere („casual") Kleidung zur Norm erklärt. Kennen Sie die Gepflogenheiten nicht, halten Sie sich vorsichtshalber an die üblichen Kleidungsstandards.

Business-Kleidung ist gefragt

Das bedeutet: Äußerst korrekte Business-Kleidung ist angesagt. Auch wenn Sie feststellen, dass amerikanische Manager sehr schnell bereit sind, in ihrem Büro das Jackett über die Stuhllehne zu hängen, bleibt doch Fakt: Genauso schnell wird dieses Sakko wieder angezogen, wenn es beispielsweise zu einem Meeting geht. Niemand in einer traditionellen Top-Etage käme im normalen Berufsalltag auf die Idee, ohne Jackett zur Arbeit zu erscheinen. Für Sie als Frau gilt: Kostüm oder Hosenanzug sind in den USA bei geschäftlichen Terminen ein Muss.

Die Kleidung bei gesellschaftlichen Anlässen

Bälle, Hochzeiten oder Cocktailpartys laufen recht formell ab. Entsprechende Kleidung ist hier angebracht: Dinnerjacket, Spenzer oder Smoking für den Herrn, kurzes Cocktail- oder langes Abendkleid für die Dame.

Ein eleganter Hosenanzug für die Dame ist in den USA nicht ganz so akzeptiert wie in Deutschland. Entscheiden Sie sich deshalb bei gesellschaftlichen Anlässen lieber für ein elegantes Kleid.

Die amerikanische Bezeichnung für „Smoking" ist *Tuxedo* oder in Einladungen *black tie*. *White tie* bedeutet „Frack", der aber in den USA wesentlich seltener getragen wird als der Smoking. Finden Sie einen solchen Kleidungshinweis auf einer Einladung, ist er – wie bei uns – bindend.

Pünktlichkeit

Nehmen Sie es in den USA mit der Pünktlichkeit – wie in Deutschland – genau. Bemühen Sie sich, immer pünktlich zu sein. Sollten widrige Umstände das ausnahmsweise verhindern, entschuldigen Sie sich von unterwegs, wenn Sie zu spät kommen werden. Niemand wartet gern.

Rauchen

Sind Sie Raucherin oder Raucher? Dann stellen Sie sich bei einer (Geschäfts-)Reise in die USA auf eine „Entwöhnungskur" ein. In öffentlichen Gebäuden und Firmen herrscht Rauchverbot. In Restaurants gibt es nur teilweise Raucherzonen. Rauchen ist generell verpönt.

Selbst in vielen Privathaushalten werden Sie keine Chance zum Rauchen finden.

Generell die beste Empfehlung: Gestatten Sie es sich nur dann, Ihrer „Tabak-Lust" zu frönen, wenn man Ihnen freiwillig einen Aschenbecher anbietet. Selbst die Bitte danach sollten Sie sich verkneifen. Die Ausnahme: Sie sind mit anderen in einem Restaurant, das eine Raucher-Lounge hat. Dort wird nach dem Essen gefragt, ob Sie den Digestif am Tisch – also weiter „rauchfrei" – oder in der Lounge einnehmen möchten. Dann können Sie sich zumindest die Frage gestatten, ob die anderen bereit sind, mit Ihnen in die Raucher-Lounge zu wechseln.

Restaurantbesuch

Für einen Business-Lunch oder ein Abendessen, bei dem Sie beziehungsweise Ihr Chef die Einladung ausgesprochen haben, sollten Sie unbedingt vorher einen Tisch reservieren lassen. Das gehört zum guten Ton.

Achten Sie darauf, dass Sie auf jeden Fall vor Ihren Gästen im Restaurant sind.

Kleiderordnung

Viele Restaurants der gehobenen Klasse geben einen „dress code" vor, der für Herren Jackett und Krawatte vorschreibt. Da es dem Geschäftssinn nicht entspricht, Gäste wegzuschicken, wird den „Jackettlosen" ein Sakko aus dem Fundus verpasst, ganz gleich, ob die Größe stimmt oder nicht. Auch Krawatten werden – wie in Deutschland in Spielcasinos – zur Verfügung gehalten.

Mag eine geliehene Krawatte, auch wenn sie in Farbe und Muster nicht ganz zur restlichen Kleidung passt, noch einigermaßen akzeptabel sein, ist ein fremdes Jackett hingegen, selbst wenn es wie angegossen sitzt, bestimmt nicht jedermanns Geschmack. Beugen Sie solchen wenig angenehmen Situationen deshalb vor, indem Sie direkt in angemessener Kleidung erscheinen.

„Wait to be seated"

Es ist in den USA nicht üblich, sich eigenmächtig einen Platz zu suchen – und das gilt nicht nur für Top-Restaurants. Nehmen Sie das „Wait to be seated"-Schild ernst, und warten Sie, bis Sie jemand zu Ihrem Tisch führt. Auch in Restaurants, in denen sich kein entsprechendes Schild befindet, sollten Sie warten, bis sich eine Servicekraft um Sie kümmert.

Getränke an der Bar

Häufig wird vorher an der Bar – in der Regel im Stehen – ein Cocktail getrunken. Dabei ist es nicht üblich, auf ein Zeichen oder Anstoßen des Gastgebers zu warten.

Wer geht vor? Mann oder Frau?

Lassen Sie als Herr einer Dame auch beim Betreten eines Restaurants immer den Vortritt! Das widerspricht den deutschen Gepflogenheiten. So mancher deutsche Kavalier alter Schule hat sich schon gewundert, warum er für das – doch seiner Meinung nach korrekte – Vorangehen, seltsame Blicke seiner amerikanischen Begleiterin erntete.

Die Servicekraft stellt sich vor

Weit verbreitet ist es in amerikanischen Restaurants, dass sich die für Sie zuständige Restaurantfachkraft am Tisch vorstellt. Beispielsweise: *My name is Mary, I'll be your server for this evening/today.*

Diese Selbstvorstellung wird nicht erwidert. „Mary" wäre mindestens verunsichert, wenn ein Gast darauf sagen würde: *and I am Jürgen Klein and come from Germany.*

Verbale Präsentation der Speisen

Oft wird Ihnen das Speisenangebot oder Teile davon, die nicht auf der Karte stehen, mündlich angepriesen. Dabei werden die Preise üblicherweise mitgenannt. Falls diese „verbale Speisenkarte" in einem rasanten Tempo heruntergeschnurrt wird oder Sie die ersten Einzelheiten nach Beendigung bereits wieder vergessen haben, fragen Sie ruhig nach. Die Bitte um Wiederholung einzelner Details ist nicht unhöflich.

Bezahlen

Restaurantrechnungen werden immer für den ganzen Tisch präsentiert. Wollen Sie getrennt zahlen („going Dutch"), müssen Sie das vorher bei der Bestellung ankündigen. Das übliche Zahlungsmittel ist wie überall in den USA auch im Restaurant die Kreditkarte. Entgegen der für Deutschland geltenden Empfehlung, das Trinkgeld bar dazuzulegen, können Sie es einfach auf die Rechnung schreiben und per Kreditkarte abrechnen lassen.

Smalltalk

Smalltalk ist in den USA ein wichtiges Gesprächselement. Über den Umweg von Nichtigkeiten und Nebensächlichkeiten wird abgeklopft, wie weit man mit tiefer greifenden Themen gehen kann.

Floskeln gibt es reichlich

Im Amerikanischen gibt es weit mehr nicht ernst zu nehmende Floskeln als in unserer Muttersprache. Das *How are you?* oder *How are you doing?* ist zwar gleichzusetzen mit unserem „Wie geht's?". Hier wie dort ist aber kaum jemand nach dieser Frage daran interessiert, sich beispielsweise die genaue Schilderung der kurz zurückliegenden Blinddarmoperation anzuhören.

Unser deutsches „Tschüs" aber, das eine unverbindliche Verabschiedung bedeutet, hat im Amerikanischen viele „Geschwister", die nicht sofort als solche zu erkennen sind. *See you later, Come back soon, See you!, I hope, we'll meet again soon, Take care* bedeuten allesamt weder das dringende Bedürfnis, jemanden bald wieder zu treffen, noch die echte Sorge um sein Wohlergehen. Es handelt sich lediglich um eine freundliche Art und Weise, „Auf Wiedersehen" zu sagen.

Vorsicht bei vermeintlichen Einladungen

Ähnlich ist das bei vermeintlichen Einladungen: *Let's have dinner (breakfast, lunch) together,* bedeutet nicht, dass dies ein ernsthafter Wunsch ist. Wer die Floskel nicht als solche erkennt, ist vielleicht irritiert, warum diese Ankündigung nie in die Tat umgesetzt wird. Noch größere Verwirrung kann die Aussage *Come and visit me,* hervorrufen.

Beispiel: Sie kommen im Flugzeug mit Ihrem Sitznachbarn ins Gespräch. Bei der Verabschiedung gibt er Ihnen seine Karte und sagt zu Ihnen: *Whenever you are in Boston, come and visit me.* – „Es ist durchaus möglich, dass ich im Laufe meines USA-Aufenthalts einen Abstecher nach Boston machen kann", erwidern Sie. *Fine, come and visit me,* hören Sie zum zweiten Mal.

Falls Sie das als bare Münze nehmen und den neuen „Freund" bei Ihrer Boston-Visite anrufen, werden Sie vielleicht feststellen müssen, dass er nicht mal Zeit für ein längeres Telefongespräch hat und mit keinem Wort auf ein mögliches Treffen eingeht. Solche Höflichkeitsfloskeln dienen nur dem Zweck, der oder dem anderen seine Sympathie durch ein paar nette Worte zu bekunden. Unter US-Amerikanern ist klar, dass man darauf nichts gibt und ganz bestimmt nicht zum Telefonhörer greift, um sich zu melden. Ernst gemeinte Einladungen werden immer mit genauem Datum und der Uhrzeit ausgesprochen.

Tischsitten

In der Regel fängt man an zu essen, sobald man das Gericht serviert bekommt. Das heißt, man wartet nicht, bis alle ihr Essen bekommen haben, und ein „Guten Appetit" fehlt oft auch. Meist sagt höchstens der Kellner „Enjoy your meal". Der Umgang mit Messer und Gabel ist in den USA grundverschieden von unseren Tischsitten. Die traditionelle rechtshändige Form: Es wird ein Stück Fleisch oder anderes abgeschnitten, dann das Messer auf dem Tellerrand abgelegt, die Gabel in die rechte Hand gewechselt und nur mit ihr der Happen und eventuell andere Zutaten gegessen. Die linke Hand verschwindet derweil unter dem Tisch. Sie wird erst dann wieder hervorgeholt, wenn der nächste Schneidevorgang für ein weiteres Fleischstück beginnt, für den die Gabel wieder in die linke Hand wandert und das Messer mit der rechten erneut aufgenommen wird.

Die vereinfachte Version, die nicht den strengen Etiketteregeln entspricht: Zuerst wird alles, was geschnitten werden muss, mit Messer und Gabel zerteilt, dann das Messer auf dem Tellerrand abgelegt und mit der Gabel in der rechten Hand weitergegessen. Auch hierbei liegt die linke Hand auf dem Oberschenkel.

Sollten Sie sich anpassen?

Sie brauchen diese Art des Essens nicht zu übernehmen. Der *„continental style of eating"* ist in den USA nicht verpönt.

Wohin mit dem Besteck?

Behalten Sie die deutsche Gepflogenheit, bei einer Unterbrechung des Essens das Besteck mit den Spitzen zur Tellermitte abzulegen, bei. Die US-Sitte: Messer und Gabel werden auf dem Tellerrand abgelegt.

Ein weiterer Unterschied: Der Platz der Serviette

Wenn Sie während des Essens den Tisch verlassen, zum Beispiel bei einem Buffet, ist in Deutschland der richtige „Parkplatz" für die Serviette links neben dem Gedeck. In den USA wird die Serviette in solchen Fällen auf der Rückenlehne des Stuhls abgelegt. Nach dem Essen wird sie, wie in Deutschland, links neben dem Gedeck platziert.

Was Sie als Frau beachten sollten

Als einzige in Deutschland akzeptierte Make-up-Korrektur am Tisch gilt das – schnelle und diskrete – Nachziehen der Lippen. In den USA ist das Lippen-Nachziehen am Tisch generell nicht erwünscht.

Titel

Auf Titel wird in den USA weniger Wert gelegt als bei uns. Akademische Grade werden nur für Ärzte gebraucht. In der Regel fällt dann der Nachname weg: *Hello Doctor, how are you?* reicht aus.

Trotzdem herrscht im Geschäftsleben eine gewisse Förmlichkeit. Sobald es offiziell wird, beispielsweise in einer Sitzung, wird aus *Bill*, der diese Anrede direkt nach dem Kennenlernen angeboten hat, *Mr Chairman*, wenn er der Sitzungsleiter ist. Ebenso sind Anreden wie *Mr President* für den Präsidenten einer Company, *Senator* (ohne Mister!) oder *Your Honor* (Euer Ehren) für einen Richter üblich.

Trinkgeld

Die unterschiedlichen Trinkgeldgepflogenheiten sollten Sie kennen und unbedingt beachten. Gerade deutsche Reisende machen sich in den USA aus Unkenntnis der dort völlig anders gesehenen Trinkgeldsituation oft unbeliebt.

Ein *„Tip"* (Trinkgeld) ist dort keine Zusatzleistung eines Gastes, sondern gilt als fester Bestandteil des Lohngefüges. Die Grundgehälter für alle Servicekräfte sind sehr gering. Teilweise sind sie so niedrig, dass die dort Tätigen ohne Tips ihren Lebensunterhalt nicht bestreiten könnten. Wollen Sie sich keine bösen Blicke einhandeln, rechnen Sie als Minimum-Tip immer mit einem Dollar. Lediglich Schuhputzer werden einen Obolus von 50 Cents nicht als „unerhört" einstufen. Doch selbst hierbei ist es besser, wenn Sie diese Summe „pro Schuh" geben.

Ein Dollar wird im Hotel bereits für kleine Serviceleistungen wie das Besorgen eines Taxis erwartet. Wird Ihr Wagen weg- oder vorgefahren (*valet parking*), ist das ebenfalls der Minimumbetrag. Zwei Dollar sind besser. Geben Sie Kofferträgern einen Dollar pro schweres Gepäckstück. Ein Badewärter am Pool bekommt etwa einen Dollar pro Tag, Zimmermädchen um zwei Dollar pro Tag.

Wo Sie sonst noch Trinkgeld geben sollten

Nicht nur in der Touristikbranche werden Trinkgelder erwartet.

Im Restaurant sind 15 bis 20 Prozent der Rechnungssumme angebracht. Ein Tipp: Schauen Sie vorher auf die Rechnung, ob das Trinkgeld nicht bereits ausgedruckt ist. Hierbei wird das Wort *„gratuity"* für Trinkgeld verwendet. Durch leidvolle Erfahrungen mit ausländischen Gästen klug geworden, versucht man sich so vor „Tip-Verlusten" zu schützen.

In besseren Restaurants erwarten auch Oberkellner und spezielle Weinkellner ein Trinkgeld. Zahlen Sie mit Kreditkarte, können Sie den Tip einfach dazuschreiben. Sonst ist es auch üblich, ihn auf dem Tisch liegen zu lassen.

Vorstellung

Im Gegensatz zu Deutschland, wo es verpönt ist, einer Frau den Vornamen des Mannes „überzustülpen", hat sich die Sitte in den USA gehalten. Sie werden durchaus noch Sätzt hören wie *„Let me introduce you to Mr and Mrs John Wellington"*. Auch in der Schriftform, zum Beispiel bei einer Adresse, ist es üblich, beide Personen unter dem Vornamen des Mannes anzuschreiben.

Das Wichtigste im Überblick

- Lassen Sie sich nicht von der vermeintlichen Lockerheit im Land der unbegrenzten Möglichkeiten zu dem Irrtum verleiten, in den USA seien gute Umgangsformen nicht so wichtig.
- Die Anrede mit dem Vornamen und „You" ist nicht gleich zu setzen mit dem deutschen „Du". Historisch gesehen war „You" die „Sie-Form" des Englischen. Das „Du" war „Thou", was nur noch in Dialekten vorkommt.
- Erkennen Sie, was Floskeln sind, hinter denen sich keine ernsthafte Absicht verbirgt. Beispiele: *Come back soon. When you are in town, come and visit me. Let's have lunch together.* Ernst gemeinte Einladungen werden immer mit Datum und Uhrzeit vereinbart.
- Legen Sie im Geschäftsleben Wert auf korrekte Business-Kleidung. Ausnahme: Sie wissen, dass es bei einer amerikanischen Firma den *casual Friday* gibt.
- Beachten Sie andere Gepflogenheiten bei einem Restaurantbesuch, wie die Dame vorangehen zu lassen. Ihre Anpassung muss nicht so weit gehen, dass Sie den völlig anderen Umgang mit Messer und Gabel übernehmen.
- Geben Sie reichlich Trinkgelder, was in den USA erwartet wird.

Kompakt-Knigge für Großbritannien
Alles was Sie und Ihr Chef wissen sollten, um die schlimmsten Fettnäpfchen zu vermeiden

Begrüßung

Händeschütteln ist normal bei der ersten Begegnung, danach nicht mehr. In der Regel, werden nur Vornamen benutzt. Das bedeutet jedoch nicht, dass alle Briten sich duzen. Ganz im Gegenteil. „You" war früher die „Sie-Form". Die „Du-Form" war „thee / thou", was heute nur noch in Dialekten und Gebeten vorkommt.

Körperabstand
Der Körperabstand ist in etwa so wie in Deutschland.

England ist nur ein Teil von Großbritannien

Das vereinigte Königreich von Großbritannien und Nordirland (United Kingdom of Great Britain and Northern Ireland), kurz "United Kingdom" oder "UK" genannt, besteht aus England, Schottland, Wales und Nordirland. In fast allen Firmen finden Sie eine Mischung aus diesen Länderen. Sprechen Sie also nie von "England" oder "English", immer von "The UK" und "British". Sie schließen sonst viele Mitarbeiter aus.

Augenkontakt
Sie sollten Ihren Geschäftspartner auf jeden Fall in die Augen blicken, aber nicht zu intensiv. Der deutsche Augenkontakt wird von Briten oft als "durchdringend" empfunden. Am besten beobachten Sie Ihren Geschäftspartner und kopieren sein Verhalten. Und seien Sie unbesorgt, wenn dieser öfter wegschaut, wenn er mit Ihnen redet. Das ist in Großbritannien ein Zeichen von Höflichkeit.

Seien Sie nicht zu direkt
Die Briten, und insbesonders die Engländer, sind für ihre Höflichkeit berühmt. Höflichkeit ist ein Schlüsselelement der britischen Kultur und bildet die Basis für Kommunikation. Direkte Fragen sind unhöflich. Zum Beispiel, statt zu fragen "When will you have the figures ready?" sagen Sie "Could you tell me when you will have the figures ready?"

Der berühmte britische Humor
Der Humor ist ein wichtiger Bestandteil aller Aspekte des Lebens in Großbritannien. Er ist oft selbstironisch, seltener sarkastisch. Er darf nicht unterschätzt werden, auch nicht in der Geschäftswelt.

Korrekter Umgang mit dem Besteck
Die wesentlichen Unterschiede zu Deutschland bestehen in einer anderen Handhabung von Löffel und Gabel: Briten verwenden in der Regel die Gabel mit dem Gabelrücken nach oben, wobei dann alles zu Transportierende zwischen die Zinken gedrückt oder aufgespießt wird. Der Suppenlöffel, der eine rundere Form hat als die bei uns geläufige ovale, wird nur seitlich an den Mund geführt und verschwindet nicht im Mund. Briten erkennen durchaus die kontinentale Weise des Umgangs mit dem Besteck als korrekt an, sodass Sie sich nicht anzupassen brauchen.

Pünktlichkeit
Im Geschäftsleben wird Pünktlichkeit recht genau genommen, während Sie zu Privateinladungen im kleineren Kreis etwa eine Viertelstunde später erscheinen sollten.

„Stiff upper lip"
Dieser Begriff wird benutzt um die tradionelle Zurückhaltung zu beschreiben, die die Briten angesichts von Schwierigkeiten zeigen. Emotionen, sowohl negative wie auch positive, werden in der Geschäftswelt nicht zur Schau gestellt.

Geschenk für die Gastgeberin

Überreichen Sie als Gast der Gastgeberin Blumen, so wird sie es entzückend finden, zumal sie es nicht mehr von jedem Gast erwarten kann. Dafür können Sie die Blumen dann ruhig mit dem Papier überreichen – es sei denn, Sie möchten gern auf Ihre kontinentale Kultur zurückgreifen und entfernen das Papier, bevor Sie den Strauß überreichen.

Englische Berufsbezeichnungen von A – Z

Deutsch	Englisch
Abteilungsleiter	department head, department chief, department manager
Angestellter	employee, white-collar worker
Arbeiter	blue-collar worker, laborer (USA), labourer (GB)
Assistent	assistant
Aufsichtsratvorsitzender	chairman of the supervisory board
Aushilfe	temporary personnel
Auszubildender	trainee
Bauleiter	construction manager, construction supervisor
Berater	adviser (GB), advisor (USA), aide, consultant, mentor
Bereichsleiter	area director, head of department
Betriebsführer	works/plant manager,
Betriebsleiter	works/plant superintendent, chief operating officer (COO) (USA)
Betriebsrat	works council (das Gremium), member of the works council (der Amtsinhaber)
Büroleiter	office manager
Chefsekretärin	PA (Personal Assistant) (GB), executive secretary (USA)
Direktor	president
Einkäufer	buyer, purchaser, purchasing/buying agent
Einkaufsleiter	purchasing manager
Einzelhändler	retailer
Entwickler	developer
Exportleiter	export manager
Fachkraft	specialized clerk
Filialleiter	branch manager
Finanzvorstand	chief financial officer (CFO), (USA)
freier Mitarbeiter	freelancer
Generaldirektor	executive director (managing)
Geschäftsführender Gesellschafter	managing partner
Geschäftsführer	director
Geschäftsführer im Hotel	hotel manager
Geschäftsführer im Laden	director
Geschäftsführer oder Vorstandsvorsitzender	Managing Director
Geschäftsführer, Vorstandsvorsitzender	director (GB)
Großhändler	wholesaler
Großkunden-Betreuer	key account manager
Gruppenleiter	group/team leader
Händler	dealer, merchant, seller, outfitter, salesman, tradesman
Hauptaktionär	principal shareholder
Hauptgeschäftsführer	chief executive officer (CEO), (USA)
Helfer	helper
Hilfsarbeiter	unskilled worker
Hilfskraft	emergency hand, skilled/unskilled help
Importeur	importer
Importleiter	import manager
Kaufmann	merchant, dealer, trader, businessman, merchandiser
kaufmännischer Angestellter	commercial clerk, employee
kaufmännischer Auszubildender	business/commercial trainee/apprentice
kaufmännischer Geschäftsführer	commercial director
kaufmännischer Vorstand	president administration
Kundenbetreuer	sales rep, account manager
Kundendienstleiter	customer/after-sales service manager
Lagerist	store keeper
Lagerverwalter	chief storekeeper, warehouse keeper
Lehrling	apprentice

Deutsch	Englisch
leitende/r Beamtin/er	senior civil servant
leitender Angestellter, Geschäftsführer	executive, general manager
Leiter der Logistik	director of logistics, head of logistics
Leiter der Personalabteilung	HR manager / head of personnel department
Leiter der Rechtsabteilung	head of the legal department
Leiter EDV	head of IT, IT manager
Leiter eines Unternehmensbereiches	business unit manager
Leiter Fertigung	production manager, head of production
Leiter Planung Bauvorhaben und Investitionsprojekte eines Unternehmens	facility planning and construction control manager
Leiter strategische Unternehmensplanung	strategic planning manager
Leiter/in der Finanzen	chief financial officer (CFO)
Leiter/in der Technologieabteilung/IT	chief information officer (CIO)
Marketingleiter	marketing director
Mitarbeiter auf Probe	probationary employee
Mitarbeiter im Außendienst	sales representative, sales rep member of sales force
Pächter	tenant
Personalberater	personnel consultant
Personalleiter	head of personnel department / human resources staff executive
Personalsachbearbeiter	personnel assistant, HR clerk
Pförtner	gate keeper (Pförtner am Werkstor), reception desk officer
Praktikant	Intern, student apprentice, trainee
Produktbetreuer	product manager
Produktgestalter	product designer
Produktionsleiter	executive producer, production manager
Produzent	producer, manufacturer
Projektleiter	project director/manager/leader
Prokura	special, power of attorney
Prokurist	employee with special power of attorney

Deutsch	Englisch
Redakteur/in	editor
Sachbearbeiter/in	clerk, administrator, person responsible
Saisonarbeiter/in	seasonal laborer (USA), labourer (GB)/worker, migratory worker
Sekretärin	secretary/personal assistant
Stabsstelle	administrative department, staff function, staff position, staff unit
stellvertretender Generaldirektor	executive vice-president
Systemberater/in	systems engineer
Techniker/in	technician, engineer
technische/r Leiter/in	technical director, chief technology officer (CTO)
Teilzeitkraft	part-time employee/worker
verantwortet die geschäftlichen Aktivitäten eines international tätigen Unternehmens in einem Land	country manager
Verkäufer/in	sales staff, member of sales staff
Verkaufsberater/in	marketing adviser
Verkaufsleiter/in	sales director/executive director of sales
Vertreter	sales representative, agent
Vertriebsfachleute	marketing professionals
Vertriebsleiter	marketing director
Vorarbeiter	foreman
Vorsitzender der Geschäftsführung/ des Vorstands	chairman of the board/ of management chief executive officer (CEO)
Vorsitzender des Aufsichtsrats	chairman of the supervisory board
Vorstand Personal	senior executive president human resources
Vorstand Technik	Senior Executive President Manufacturing
Vorstand Vertrieb	Senior Executive President Sales
Vorstandsmitglied	member of the board of management Member of the Executive Board
Werbeleiter	advertising/publicity/ promotion manager
Werksleiter	works manager
wissenschaftlicher Mitarbeiter	research associate

Sekada✦ empfiehlt: Wenn Sie sagen möchten, dass Sie die Sekretärin „von Herrn Müller“ sind, sagen Sie bitte nicht „personal assistant of Mr Müller“.

Korrekt heißt es: *personal assistant to Mr Müller*

Britische und amerikanische Maßeinheiten

Britische und amerikanische Maßeinheiten			
UK und USA	**Abkürzung**	**Metrische Einheit**	**Umrechnungsfaktor**
1 inch (Zoll) = 10 lines = 1.000 mils	(″) in	2,54 cm	0,3937
1 foot (Fuß) = 12 inches	(′) ft	30,48 cm	3,281 x 10^{-2}
1 yard (Elle) = 3 feet = 36 inches	yd	91,44 cm	1,094 x 10^{-2}
1 fathom (Faden) = 6 feet	fath	1,8288 m	0,547
1 nautical mile (Seemeile) = 6076 feet	naut. mile	1,852 km	0,54
1 statute mile (Landmeile) = 1.760 Yards = 5.280 feet	stat. mile	1,6093 km	0,6214
1 mile per hour	MPH	1,6093 km/h	0,6214
1 square foot	sq. ft	0,0929 m^2	10,7643
1 square yard = 9 sq. ft		0,836 m^2	1,196
1 pound (Pfund)	lb	0,4563 kg	2,2046
1 ounce	oz	28,35 g	0,0353
1 short ton = 2000 lb (USA) – still in common use in USA		0,9072 t	1,1023
1 cubic foot	cu.ft	0,0283 m^3	35,315
1 gallon (Brit.)	gal (UK)	4,5461 l (Liter)	0,220
1 gallon (USA)	gal (US)	3,7854 l (Liter)	0,2642

Verwenden Sie den in der letzten Spalte angegebenen Umrechnungsfaktor, wenn Angaben aus dem metrischen System in britische oder amerikanische Einheiten umgerechnet werden müssen.

Irland = metrisch

Temperatur-Umrechnung

Fahrenheit – Celsius

In den USA wird zur Temperaturmessung die Fahrenheit-Skala benutzt. Dabei wird eine Skala von 212 Grad verwendet. Die Formeln für die Umrechnung lauten wie folgt:

$$F = (C \times 9/5) + 32$$
$$C = (F - 32) \times 5/9$$

Mit der folgenden Tabelle können Sie den amerikanischen Wetterbericht, der die Temperaturen in *seventies, upper eighties* und ähnlichen Bezeichnungen angibt, besser deuten:

Hier ein Überblick:

Fahrenheit	Celsius	feels
40s	5–10	chilly
50s	10–15	cool
60s	15–21	mild
70s	21–26	comfortable
80s	26–32	warm
90s	32–37	really hot

Wechselkurse

Wechselkurse für die Währungsumrechnung

Für Reisekostenabrechnungen ist es unverzichtbar, dass Sie ruck, zuck Zugriff auf Wechselkurse haben. Diese Internet-Seite zeigt Ihnen auch die vor ein paar Tagen gültigen Kurse an.

Tagesaktuelle Wechselkurse finden Sie im Internet unter **www.oanda.com.**

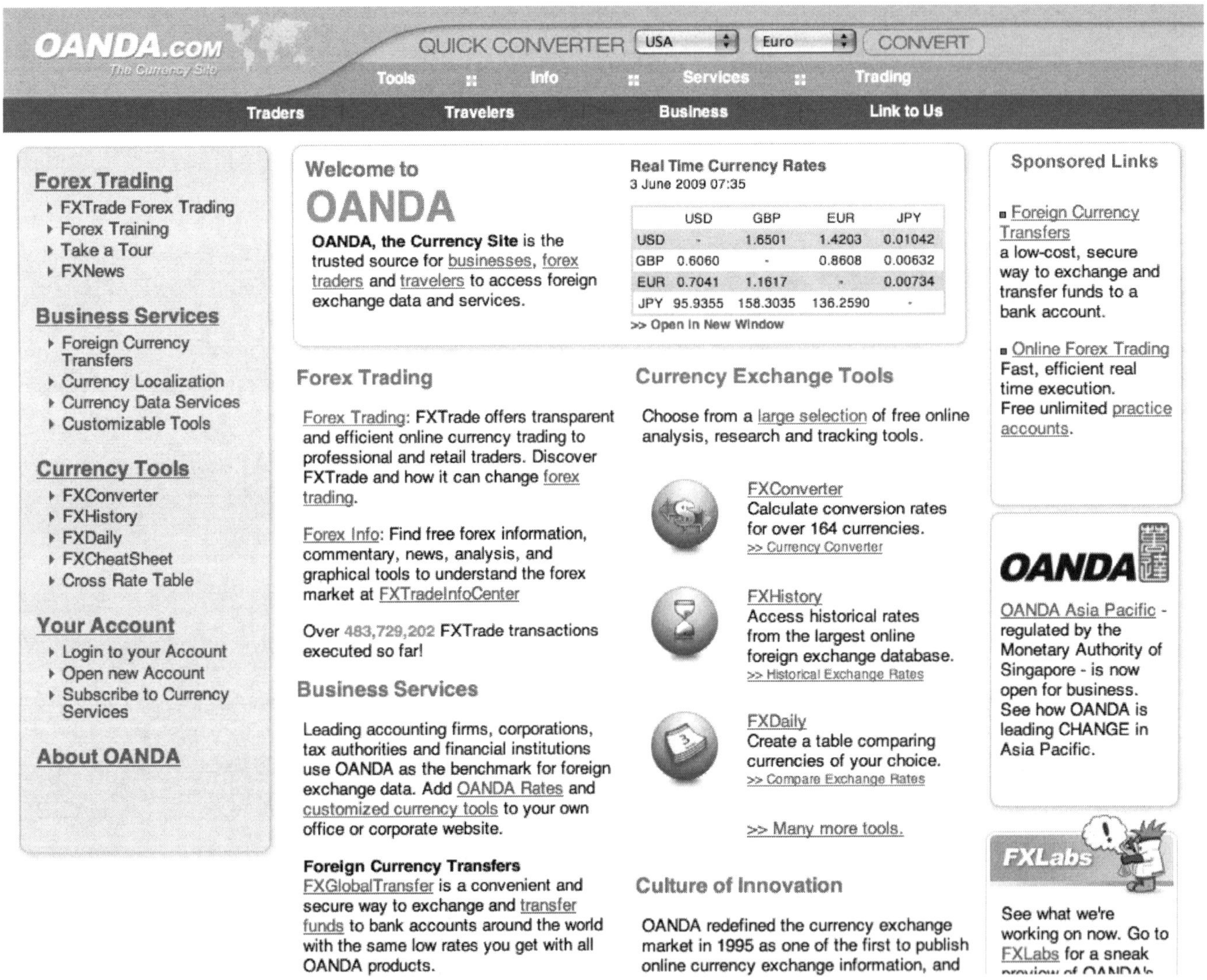

Die Internetadresse funktionierte bei Redaktionsschluss.

Buchstabieralphabete

Das britische Buchstabieralphabet

Das britische Buchstabieralphabet		
A Andrew	J Jack	S Sugar
B Benjamin	K King	T Tommy
C Charlie	L Lucy	U Uncle
D David	M Mary	V Viktor
E Edward	N Nellie	W William
F Frederick	O Oliver	X X-mas
G George	P Peter	Y Yellow
H Harry	Q Queenie	Z Zebra
I Isaac	R Robert	

Die britischen Zahlen		
1 one	5 five	9 nine
2 two	6 six	0 oh, nought
3 three	7 seven	
4 four	8 eight	

Das amerikanische Buchstabieralphabet

Das amerikanische Buchstabieralphabet		
A Abel	J Jig	S Sugar
B Baker	K King	T Tare
C Charlie	L Love	U Uncle
D Dog	M Mike	V Victor
E Easy	N Nan	W William
F Fox	O Oboe	X X
G George	P Peter	Y Yoke
H How	Q Queen	Z Zebra
I Item	R Roger	

Die amerikanischen Zahlen		
1 one	5 five	9 nine
2 two	6 six	0 zero
3 three	7 seven	
4 four	8 eight	

Wie Sie den Namen eines Anrufers in Windeseile herausbekommen

Wenn man einen Namen am Telefon nicht richtig verstanden haben, lässt man ihn sich gern buchstabieren. Doch das sollte Ihre letzte Lösung sein. Denn das Buchstabieren überfordert schon einmal das menschliche Gehirn. – Oder ist es Ihnen noch nie passiert, dass jemand seinen Namen so schnell buchstabiert hat, dass Sie ihn anschließend immer noch nicht notiert hatten und das Gespräch dann so zu Ihrem Chef hereingestellt haben?

Mehrmaliges Nachfragen ist unangenehm

Viele Anrufer nuscheln oder reden sehr schnell. Das erschwert die ganze Sache. Nach dem zweiten Fragen wirft man in der Regel das Handtuch. Doch so sollte es nicht sein. Denn schließlich sollte Ihr Chef wissen, wem Sie ihm da auf die Leitung legen.

Der Praxis-Tipp: Wenn der Anrufer seinen Namen zum ersten Mal genannt hat und Sie ihn nicht verstanden haben, fragen Sie: *Did I get your name correctly? Mike Finterrottom?* Sie wiederholen seinen Namen so, wie Sie ihn verstanden haben.

Der Anrufer wird seinen Namen so langsam und deutlich wiederholen, dass Sie ihn verstehen werden:
No, Winterbottom, Mike Winterbottom, with a "W".

Weltzeitzonen

Die Weltzeitzonen: Wie viel Uhr ist es in …?

Die Weltzeituhr im Internet. Auf dieser Webseite finden Sie die aktuelle Uhrzeit zu jedem Ort: **www.weltzeituhr.com/start.shtml.**

Hier finden Sie blitzschnell die Uhrzeiten auf der ganzen Welt.

Mit der Weltzeituhr professionell agieren

Mit www.weltzeituhr.com wissen Sie mit zwei Klicks irgendeine Uhrzeit dieser Welt. Längst arbeiten Firmen nicht mehr nur mit London oder New York zusammen. Da ist es eine große Hilfe, wenn Sie binnen weniger Sekunden sicher sein können, dass Sie zu Ihrem Anruftermin niemanden aus dem Bett holen.

Der Praxis-Tipp: Wenn Sie wissen, wie spät es wo ist, dann stellen Sie sich bei Ihren Telefonaten und E-Mails darauf ein. Beispiel:

Hi, Tom, sorry to phone you this early in the morning.

Und:

Ein passendes *Good morning* in Ihrer E-Mail, auch wenn es bei Ihnen 17 Uhr ist, zeigt von Umsichtigkeit und Professionalität.

Hilfe bei der Beantragung eines Visums

Unter **www.visum-centrale.de** nimmt Ihnen eine Visum-Agentur die ganze Arbeit ab und das für nur 22 Euro, vorausgesetzt Sie haben 6 Tage Zeit. Für ein Visum, das Sie noch am gleichen Tag benötigen, müssen Sie schon 75 Euro zahlen.

Ein besonderer Service: Sie können per Internet den Stand der Visumsbearbeitung verfolgen. Dazu wurde ein „Visum-Tracking" eingerichtet, zu dem man nach vorheriger telefonischer Anmeldung Zugang erhält. Das geht schnell und unkompliziert.

Diese Agentur übernimmt für Sie den Antrag des Visums.

64 amerikanische und britische Musterbriefe für die wichtigsten Korrespondenzfälle

Abmahnung

Leiter Export ➔ Mitarbeiterin im Ausland

BMB Logistics Inc.
Quality Control
70 Washington Blvd.
Los Angeles, CA 90002
USA

Personal and confidential

Ann Williams
BMB AG
Ringstr. 1
84526 München
Germany

May 26, 20..

Reprimand concerning late reports

Dear Ann:

We notice that your last four progress reports on the logistics realignment were completed after deadline. This has caused serious problems because we need to get your reports on time to meet our contractual agreements with our clients. In fact, we nearly lost the ECO follow-up contract due to a late report from you. Your attitude has become a barrier to others on the team, as they, too, rely on your prompt delivery to get their work done.

In the past you consistently met your deadlines. I hope you can get back to that habit. Unfortunately, if one more report is late we will have to place you on probationary status. If a report is late while you are on probation, we will be forced to terminate your employment.

Until further notice I will expect an update on your reporting procedures every Friday. Let me know if there is anything I can do to assist you in completing your reports on time.

Sincerely,

BMB AG

Wilfried Senger
Export Sales North America

WS:tz

Abmahnung

Leiter Export ➔ Mitarbeiter

Paragon Electronics

902 Hill Rd
Birmingham
B56 51R
UK

BJ/ZH
24 Oktober 20..

Private and confidential

Mr Jeff Coors
Paragon Electronics
Sales Africa
Unisa, 0003
NIEU MUCKELNEUK, PRETORIA
SOUTH AFRICA

Dear Mr. Coors

Your attendance record

Over the years we have counted on you as a reliable sales representative. However, recently your attendance record has become increasingly unacceptable.

This is to notify you that as of 1 November you must submit medical certification to support all absences due to illness. This restriction will remain in effect for at least six months and until further notice from me.

If your combined absences, medical or otherwise, exceed five days during this next six-month period, we will be forced to terminate your employment.

You are being placed under this restriction because an analysis of your attendance records for the past three months indicates that some of your absences may have been unjustified, as you have missed six Fridays and two Mondays.

We feel that we can count on you to remedy this problem.

Yours sincerely

Phillip Goodall
Management Export Sales

Absage Geschäftstermin, Terminüberschneidung

Chef ➔ Geschäftspartner in London

MICHELS

Ringstraße 12–14 • 80123 München
Telefon: 089 256688-0 • Telefax: 089 256688-44
E-Mail: info@michelsag.de • **www.michelsag.com**

CM/SR
12 July 20..

Messrs.
Smith&Rules
Walter Smith
33 Arterberry Road
LONDON
SW 20 AG
GROSSBRITANNIEN

Dear Mr Smith

I am afraid I will have to cancel our appointment on November 20th due to an appointment already fixed a few months ago that I had not been aware of.

I know that you are very busy, which will probably make it very difficult to find a new date, convenient to you. Being aware of that, I will ask my personal assistant to give you a ring next week to fix a new appointment. She is in charge of my schedule and I will definitely be able to follow the appointment you fix with her.

Thank you for your understanding.

Yours sincerely

MICHELS AG

Claus Michels

Dr. Claus Michels
Director

Absage, Geschäftstermin, kurzfristige Vorstandssitzung

Chef ➔ Geschäftspartner in London

Gärtner OHG

Weberstraße 23, 53876 Köln
Tel.: 0221 256656-0, Fax: 0221 256656-45
E-Mail: info@gaertnerohg.de, www.gaertnerohg.de

PG/TT
3 September 20..

Richmond Ltd.
Patricia Walters
23 Regent Street
LONDON
W1 32 DE
GROSSBRITANNIEN

13 August 20..

POSTPONEMENT OF APPOINTMENT ON 23 SEPTEMBER

Dear Mrs. Walters

I am afraid I have to cancel our appointment on 23 September as a board meeting has been called unexpectedly for this particular day.

I hope that we will have no difficulties in arranging a new appointment to visit your company. I have had a close look at my schedule and suggest the following dates:

Monday, 23 October 20..
Tuesday, 24 October 20..
Thursday, 2 November 20..
Friday, 3 November 20..

I would be pleased if any of these days would be convenient to you. Please answer by fax or e-Mail or you prefer to confirm a date and give me your preferred time.

Should another day be more convenient, please let me know.

Please accept my apologies for the change in plans.

AUCH ALS E-MAIL GEEIGNET

Yours sincerely

GÄRTNER OHG

Peter Gärtner

Peter Gärtner
Director

Absage auf Bewerbung
Personalabteilung ➔ Bewerber

EXEC

Exec Co.
43 Washington Blvd.
Los Angeles, CA 90002
USA

March 3, 20..

Frederic Delacroix
506 Foxhall Road
Los Angeles, CA 91202

Your application

Dear Mr Delacroix

Thank you very much for applying for the position of sales manager with our firm. We regret to tell you, however, that we cannot offer you the position you have applied for.

You may be assured that our decision in no way reflects on your considerable qualifications. Although your credentials are impressive, we are offering the position to someone who also has the specific experience in pharmaceutical sales we were looking for.

We take this opportunity to thank you very much for your interest in Exec and to wish you much success in the attainment of your career objectives.

Sincerely yours

Barbara Crenshaw
Personnel Department

BC: sb

Absage auf Bewerbung

Personalabteilung ➔ Bewerberin

ABA Outdoor-Equipment

4 White Falls Road
Sault Saint-Marie,
OT PGA 67L
Canada

JD/IB
3 December 20..

Martha Bennings
8912 Westinghouse Road
White Falls, OT WF1 759

Dear Ms Bennings

<u>Your application</u>

Thank you for your application, which we received today. We very much appreciate your interest in our firm.

Unfortunately we are not able to offer you a position with ABA Outdoor Equipment at this time.

However, your background and your qualifications are very interesting. We should therefore like to keep your application on file in case we should have any suitable openings in the near future.

Yours sincerely

John Doe
Human Resource Department

Auftragsbestätigung nach Großbritannien

Mitarbeiterin Einkauf ➔ britisches Unternehmen

Call Center City GmbH
Eggersweide 23, D-22159 Hamburg
Tel. +49 40 787-654, Fax +49 40 787-612
E-mail: armbruster@callcentercity.de

Call Center City

JA/TT
23 September 20..

Harry Miller – Export Sales Department
WOC Distributors Ltd
1357 Main Street
NORWICH
NR5 4DE
GROSSBRITANNIEN

Dear Mr Miller

Order for wireless headset systems

Thank you very much for your quotation of 16 September 20.. for wireless headset systems. We have studied your offer and now wish to order as follows:

70 units of article 704H wireless headset system, at £ 240 each.

We are pleased to note that you have granted us a trade discount of 15%, bringing the total price to £ 14,280 (including VAT).

Delivery is to be made FOB Hamburg. We expect delivery to our premises by September 30 at the very latest. Payment will be made as agreed by transfer to your account on receipt of your invoice.

We look forward to receiving your confirmation of order and advice of despatch.

Yours sincerely
Call Center City

Johanna Armbruster
Purchasing Manager

Auftragsbestätigung in die USA

Mitarbeiterin Einkauf ➔ amerikanisches Unternehmen

Biotopia AG .
Pettenkoferstrasse 12a · D-83141 München
Tel.: + 49 89 33421-0 · Fax: + 49 89 33421-12

Biotopia AG

June 7, 20..

Ms. Pashalia Kevafis
World Sales
Microtech Inc.
78 Beatty Ave.
BETHESDA, MARYLAND 20892
USA

Dear Ms. Kevafis:

Order for hybridization ovens/shakers

We have studied your online catalog and price list and wish to place our order as follows:

Quantity	Article No.	Description	List Price	Total
8	HBOS/011	Hybridization Oven/Shaker	$ 2,120	$16,960
8	HBR/785	Rotisserie	$ 210	$ 1,680
16	HBB/260	Hybridization Bottles	$ 250	$ 4,000
			plus sales tax	

We are pleased to note that your CIF Munich prices include packing in sturdy cardboard boxes, as well as a discount of 5 % for new customers. Payment will be made by transfer to your account within 30 days after receipt of your invoice.

We request delivery within 14 days after receipt of order. As the goods will be collected on our behalf at Munich Airport by Schnauffer Transport GmbH, we ask that the boxes be clearly marked „Biotopia AG – for collection by Schnauffer Transport GmbH".

Please confirm this order by fax or email and advise us of the exact delivery date as soon as the goods have been shipped.

Many thanks in advance for your special attention to the delivery details.

Sincerely yours,
Biotopia AG

Brigitte Jäger
Purchasing Department

BJ:sp

Auftragsbestätigung, ausführlich

Geschäftsführerin ➔ Geschäftspartner

Blackstone Multimedia Ltd

128 Harrows Road
Norwich
NR1 4BZ
U.K.
Tel.+44 (0) 2775 436 430
Fax +44 (0) 2775 436 431
E-mail: evans@blackstone.com
www.blackstone.com

JE/SR
14 March 20..

New World Education, Inc
Ms Amanda Lewis
1267 Connecticut Avenue, NW
Washington, DC 20716
USA

Dear Ms Lewis

Your order No 357/00 of 2 March for 25 AVP-500 audio-vision projectors

Thank you for your order which has been sent to our Despatch Department and which will be processed within the next few days. We can promise to have the consignment ready for despatch by the end of the month at the latest. I am enclosing our General Conditions of Sale.

Under separate cover you will receive five AVP-500 manuals with complete information on the installation and applications of this versatile model. As you know, we are currently developing new software for the AVP-500. Mr Alec Longman, our technical support manager for the East Coast, will be glad to advise you regarding the applications and to send technical staff to assist you. You can contact him at our New York office on telephone (212) 487-9720, or via e-mail at Longman@blackstone.com.

We trust the goods will arrive in good condition. We hope the AVP-500 will give you many years of good service and look forward to the pleasure of serving you again.

Yours sincerely
Blackstone Multimedia Ltd

Julia Evans
Julia Evans
Managing Director

Enc: General Conditions of Sale

cc: Alec Longman, Technical Support Manager USA/East Coast

Begleitschreiben, Prospekt & Geschäftsbericht

Marketingleiterin ➔ Kunden

Harmonium AG

Nachtigallensteig 3
D-06126 Halle

KG/BV
16 October 20...

Music World
Mr Benjamin Sackler – Purchasing Manager
1 Stutton Lane
LITTLEHAMPTON
BM19 1BV
GROSSBRITANNIEN

Dear Mr Sackler

Your enquiry of 10 September 20..

Thank you for your enquiry about our company. We are glad to learn of your interest and are happy to supply you with the information you request.

I am enclosing a copy of our company image brochure and our most recent annual report. I would also like to recommend you look at our website http://www.harmonium.com, which gives you news updates on our corporate activities, including the Halle International Festival of New Music, which we sponsor each spring. On our website you will also find testimonials from our customers and the annual reports we have published since our incorporation in 1991.

We appreciate the opportunity to present our company to you. Please let us know if we can serve you in any way.

Yours sincerely
Harmonium AG

Karen Gaspar
Marketing

Begleitschreiben, Katalog & Preisliste (nach Anfrage)

Vertrieb ➔ Kundin

Sharer
Sporting Goods

5 Blackstone Rd
Pittsburgh, PA 15240
USA

November 10, 20..

Susan Miller
PO Box 129
Jackson, Mississippi 63193

Inquiry for catalog and price list

Dear Ms Miller:

Thank you for your inquiry of November 2 regarding our camping equipment.

I am enclosing our Fall/Winter catalog with our special Christmas offers. We would like to point out that our deadline for Christmas orders is December 10.

Our general catalog for the current year is no longer available. You may, however, find all of the relevant information on our mail-order website at www.sharersports.com.

Under separate cover we will be sending you our catalog for the upcoming year, which we expect to have ready for shipment in two weeks' time.

Sincerely,
Sharer Sporting Goods

John Doe
Sales

Beschwerdebrief, nach Veranstaltung

Sekretärin ➔ Hotel in Großbritannien

Harmonium AG

Nachtigallensteig 3
D-06126 Halle

16 July 20..

Mr Benjamin Sackler
Hotel Manager
Elite Star Hotel
1 Stutton Lane
LITTLEHAMPTON
BM19 1BV
GROSSBRITANNIEN

Attn: Mr Benjamin Sackler, Hotel Manager

Dear Mr Sackler

Our booking 12 July 20..

As you know, our company held its European Sales Meeting at your hotel on 12 July 20.. We were dismayed to hear from our staff and participants that the service from your hotel crew left much to be desired.

The conference was set to begin at 9 am. We had booked the room from 8.30 am to 4.30 pm. However, when the first of our staff arrived at 8.30, the conference room had not been cleaned, nor had the tables and chairs been set up. When the hotel crew finally arrived at 8.50, many of our participants were already there, and everyone pitched in to help clean up and decorate the tables in order to get started.

Not only was the room unprepared, but the breakfast buffet we had ordered was also not ready. Our participants had to buy coffee from a vending machine down the hall until your crew finally got the breakfast buffet ready just after 10 am.

To add insult to injury, your crew was unhelpful and rude to the point of insolence, giving no explanation for the delay. When one of our staff asked to speak to the management, she was told that no one would be available to take her complaint.

Your hotel has been the venue for many of our events in the past. However, we must now question the reliability of your service, and need further assurances if we are to continue doing business with you. Needless to say this is certainly not the kind of service we agreed to pay for, and we must insist on a reduction in price.

We look forward to receiving your comments on this matter in the very near future.

Yours sincerely
Harmonium AG

Karen Gaspar

Karen Gaspar
Executive Secretary European Sales

Beschwerdebrief, bei einer Fluggesellschaft

Sekretärin ➔ Fluggesellschaft

BMB-AG
Ringstraße 1
D-84526 München
Tel. + 49 89 656-0
Fax + 49 89 656-889

26 July 20..

Top Airlines
Customer Service
2 Beaulieu Avenue
LONDON
E16 1TS
GROSSBRITANNIEN

Dear Sir or Madam

Flight TA237 12 July/17 July 20..

I'm afraid I must make a serious complaint. Our company has been booking flights regularly under special contract with your airline for many years. Recently, however, a series of incidents has led us to believe that your service has deteriorated dramatically.

In the most recent case, Mr Johann Kitzbuehl was booked on flight TA237 to Hong Kong, leaving Munich on 12 July at 2.20 p.m. The flight to Hong Kong arrived 3 hours late. When Mr Kitzbuehl checked in for his return flight on 17 July, departing 8.00 a.m., he was informed that the flight was overbooked and that he would have to be transferred to a later flight. He subsequently waited for over 5 hours to catch an early afternoon flight (TA504, departing at 1.20 p.m.). In addition, upon arrival in Munich he found that his luggage had been lost in transit. He has been able to retrieve his luggage in the meanwhile. However, all of these incidents added up to make the journey an unpleasant experience.

Unless your service improves, Mr Kitzbuehl and all of our staff will choose another airline to fly with in the future.

We look forward to your comments on this matter.

Yours faithfully
BMB AG

Claudia Bessemer
Assistant to Johann Kitzbuehl, Export Sales Asia

cc: Birgit Schmidt, Office Manager
Helmut Berger, Asian Key Accounts

Bewerbung als Assistentin – Teamassistant

Lebenslauf – Resumé

RESUMÉ

Personal details:

Karen Kleinschmidt
Münkewitzstr. 52
02731 Leipzig
tel./fax: +49.18.23 67 90 12
e-mail: k.kleinschmidt@gmx.de
nationality: German
full driver's licence

Career objectives:

I wish to bring my considerable organizational and language skills to assist an international team effort. I also want to increase my exposure to the English-speaking, international community.

Key skills and experience:

08/2001- today	Team assistant marketing, CompuSys, Leipzig Responsible for team communications and office management support for presentations, meetings, trade fairs, events, publications, invitations to tender, launch of new CI
10/1999-07/2001	Team assistant sales, Schaeffer AG, Brehna General office work
07/1997-07/1998	Cashier, Drogeriemarkt Mueller, Leipzig (part-time)

Education & qualifications:

08/1998-06/1999	Specialized secondary school, graduation (Fachoberschule/Fachhochschulreife)
08/1988-06/1997	Elementary and secondary school (Grund- und Realschule)
Languages:	Strong written and verbal communication skills in both German and English Fluent in Polish, good conversational and reading skills in Czech

Training courses:

08/2001-11/2002	Photoshop, Macromedia Freehand, Adobe Acrobat (in-house courses CompuSys)
10/1999-6/2000	Foreign language correspondence clerk for English, Leipzig Chamber of Commerce and Industry (Fremdsprachenkorrespondentin/ Englisch, IHK Leipzig)
10/1997-07/1998	Computer course Microsoft Word, Excel, Outlook, FrontPage (DAA Leipzig)

Other experience:

07/1997-08/1998	Assistant editor newsletter „Blue Marble" (volunteer work)
07+08/1996-1998	„Blue Marble" eco-summer work in Poland and the Czech Republic
09/1995-05/1996	Exchange pupil in Nashville, Tennessee

References:

Helmut Lange, Marketing Director, CompuSys, Leipzig
Coschwitzerstr. 55
08123 Leipzig
Telephone: ...

Martin Bernhard, Sales Director, Schaeffer AG, Brehna
Lange Strasse 12
08752 Brehna
Telephone: ...

Additional information available upon request

Bewerbung, Chefsekretärin – Personal Assistant
(Curriculum Vitae)

CURRICULUM VITAE

Personal details:

Jessica Valdez
123 Windmühlenweg
28132 Kleinhausen
Telephone: + 49 (123) 456-7891
E-mail: jessica.valdez@aol.de
Full, clean driving licence

Career Objectives:

As a personal assistant to top management since 1995, I have been working in an English-speaking environment in Germany for over fourteen years. I am now seeking new, similar employment in London following my husband's relocation there.

Employment history:

01/1999-today	Personal assistant to the CEO, Genetics International AG, Hamburg Tasks include handling travel arrangements, correspondence, dictation, typing and general office routine Responsible for communications with research associates and technical staff, corporate communications, meetings, corporate calendar, travel arrangements
01/1995-12/1998	Personal assistant to the Sales Manager, BWI, Bremen Responsible for general office work, correspondence in English and Spanish
06/1994-12/1994	Temporary work for BWI, Bremen, hired out by ABC Personalvermittlung

...

Initiativbewerbung als Assistentin

Bewerbungsanschreiben

Karen Kleinschmidt
Münkewitzstr. 52
02731 Leipzig
Germany
Tel.: +49 351 22 34 78
k.kleinschmidt@gmx.de

October 4, 20..

World Nature Fund
Bruce Andrews
Team Leader Eastern Europe
2006 North Dakota Blvd.
WASHINGTON, DC 21737
USA

Application Team Assistant Eastern European Division World Nature Fund

Dear Mr. Andrews:

My colleague, June Bundy, mentioned that she met you at a networking event last week at the Career Center at George Washington University. She indicated that you were looking for a team assistant for the Eastern European division of the World Nature Fund.

Over the past two years, I have been exploring ways to blend my skills as an assistant in an international team with my interests in wildlife conservation. The possibility of becoming a team assistant in your highly respected organization is of the greatest interest to me.

As my enclosed resume indicates, I have developed strong written and verbal communication skills in both German and English, and have become thoroughly computer literate as a team assistant in marketing. I have proved that I can meet deadlines and work independently. I would like to contribute my in-depth understanding of the society of Eastern Europe, where I spent my teenage years involved in environmental youth projects, to the World Nature Fund. I am fluent in Polish and have good conversational and reading skills in Czech and Russian. It is my hope that my combination of skills and dedication would contribute to the growth of the World Nature Fund throughout Eastern Europe and beyond.

I will be contacting you within the next 10 days to discuss the possibility of setting up an interview for this position when I visit Washington in July. In the meantime, please feel free to contact me by telephone at +49.18.23 67 90 12 or at my e-mail address, k.kleinschmidt@gmx.de, if you have any further questions.

Thank you for your time and consideration, and I look forward to our future meeting.

Sincerely,

Karen Kleinschmidt

Karen Kleinschmidt

Enclosure: Résumé

Bewerbung Chefsekretärin auf Stellenanzeige

Bewerbungsanschreiben

Jessica Valdez
123 Windmühlenweg
83796 München
Germany
Tel.: +49 89 487 33 76
j.valdez@gmx.de

7 October 20..

Pharmtech
Brian Cumber – Managing Director
21 Crescent Lane
LONDON SW4 7PT
GROSSBRITANNIEN

Attn: Martin Cumber
Personnel Director

Dear Mr Cumber

Application Personal Assistant to Managing Director

I saw your advertisement for a Personal Assistant to the Managing Director on your website and would like to be considered for this position. I enclose my CV.

As Personal Assistant to the American CEO of a German biotech company co-operating with the pharmaceutical industry, I have

- worked closely with the CEO and the international research associates and technical staff in English and my native German to optimise company communications
- recently developed a corporate communications concept and have been responsible for the distribution of information in our network
- arranged regular meetings with international department heads, setting up the agenda and taking minutes
- maintained the calendar for upcoming conferences, and announced presentations by delegations from our company
- made travel arrangements and handled correspondence, as well as taking dictation, typing and handling general office routine

Working to ensure the success of the whole team, I am highly organised, take initiative, pay attention to detail and am skilled at multitasking. Recently I have begun to seek an opportunity to use my correspondence skills in French and Spanish. Having explored the Pharmtech website, I am impressed by your corporate vision. I feel that my extensive experience in the biotech industry and my broad language skills make me a prime candidate for the position you offer.

I am free to travel, and open to relocation, and would welcome the opportunity to further discuss your requirements. You may reach me by telephone on +49.89.487 33 76 or by e-mail at jessica.valdez@aol.com. I look forward to hearing from you.

Thank you for your interest.

Yours sincerely

Jessica Valdez

Enclosure: CV

Danksagung, persönliches Weihnachtsgeschenk

Chef ➔ amerikanischen Geschäftspartner

Wein&Meer
Feinkost GmbH

Seewartenstraße 57
D-20549 Hamburg

January 7, 20..

Albert Miller
In Vino Veritas Co.
79 West Chardonnay Rd.
Nappa Valley, CALIFORNIA 90321
USA

Dear Albert:

Thank you very much for the lovely wine decanter you sent us as a Christmas gift. It was a delightful surprise. My wife and I will raise a glass to you, wishing you and your family, as well as all of your business enterprises, a most successful and prosperous new year.

I look forward to seeing you again in February.

Cordially,

Ernst Schumann

Ernst Schumann

ES:hg

Danksagung, Dankschreiben für ein Weihnachtsgeschenk

Chefin ➔ britischen Geschäftspartner

Köln
Kulturbüro

Kulturbüro Köln
Am Alten Turm 1 . 51107 Köln
Tel + 49 221 334-0 . Fax. + 49 221 334-67

FP/GH
8 January 20..

Benjamin Cobb
Director
Advance Art Agency
Lindsay House
LONDON
TR4 2WS
GROSSBRITANNIEN

Dear Mr Cobb

Thank you very much for the wonderful calendar you sent us for Christmas. The prints are really quite spectacular. We shall hang the calendar in a central location and enjoy the pictures in the months ahead as a reminder of all the exquisite work your agency has done for us throughout the years. It has been a great pleasure doing business with you over the past years, and we look forward to many more.

Best regards
Kulturbüro Köln

Frederike Provost

Frederike Provost
Director

Dankschreiben, Weihnachtsgeschenk

Verkaufsleiterin ➔ Geschäftspartner

Call Center City GMBH
Eggersweide 23, D-22159 Hamburg
Telefon: +49 40 787-654
Telefax: +49 40 787-612
E-Mail: armbruster@callcentercity.de

JA/TT
7 January 20..

WOC Distributors Ltd
Mark Miller, Export Sales
1357 Main Street
NORWICH
NR5 4DE
GROSSBRITANNIEN

Dear Mr Miller

Thank you so much for your delightful Christmas gift. How very thoughtful of you!
The book on English Bed and Breakfasts is just the thing for our staff. Many of them have already been to England on holiday or on telephone training courses, and are familiar with some of the places shown in the book. The pictures are very inviting, and I am sure several of us will be including the towns mentioned in our next travel plans.

As we see out the old year and begin a new one, let me also thank you for the excellent services you have provided us with in the past year. We were able to rely on you completely, even under pressure and at short notice. It's been a pleasure doing business with you, and I am sure we will be coming back to you again this year when we set up our new offices in Poland.

I would like to wish you and Mr Blum all the best for the upcoming year.

Once again, thank you for your kind gift and Christmas greetings.

Best wishes
Call Center City

Jo Armbruster

Johanna Armbruster
Purchasing Manager

Dankschreiben, Weihnachtsgeschenk

Verkaufsleiterin ➔ Kundin

Biotopia AG

Pettkoferstrasse 12a
D-83141 München
Telefon: +49 89 33421-0
Telefax: +49 89 33421-12

January 15, 20...

Ms. Pashalia Kevafis
Sales
Microtech Inc.
78 Beatty Ave.
BETHESDA, MARYLAND 20892
USA

Dear Pashalia:

Thank you so much for the lovely chocolates you sent us for Christmas. What an unexpected surprise! They are delicious, and all of us here have been enjoying them during these dark, post-Christmas days. There is nothing like chocolate to boost one's spirits!

I look forward to seeing you at the Biotechnica Fair here in Munich in February, which I will be visiting on behalf of Biotopia on Febuary 7 and 8. It would be nice if we could arrange a time to meet on one of those days.

Good luck with your preparations, and once again, many thanks for your thoughtful gift.

Best wishes,
Biotopia AG

Brigitte Jäger

Brigitte Jäger
Purchasing Department

Einladung zum Jubiläum, 50. Firmenjubiläum

amerikanischer Vorstand ➔ amerikanischen Geschäftspartner

Phillip Goodall and Sons

72 Arlington Road · Wilmington, NC 28401 · USA

August 10, 20..

Maria Mueller, Ph.D.
Medical Consulting
79 Walnut Raod,
Wilmington, NC 27189

50th Anniversary Celebration on September 4, 20..

Dear Dr. Mueller:

On 4 September, Phillip Goodall and Sons will be celebrating its 50th anniversary. We would like to take the opportunity to thank you for your loyalty and support throughout the years. Please join us in celebrating this great day with you and your spouse or partner. There will be refreshments and culinary delights, accompanied by shows, games, music and fireworks.

The celebration will be held
on Friday, September 4 from 5 p.m. to 12 midnight
at the Rose Gardens, 11 Park Lane.

A coach will be available to take you from the company to the gardens, departing at 5 p.m. A car shuttle will be running non-stop back to the company grounds every half hour until midnight.

I hope very much that you and your partner will give us the pleasure of joining us.

Yours sincerely,

Phillip Goodall

Phillip Goodall
CEO

Enc

Phillip Goodall & Sons 50th Anniversary Celebration on September 4, 20..
Kindly respond on or before August 25, 20..
____ accepts / declines.

Number of persons attending ______

Einladung zum Jubiläum, 25-jähriges Mitarbeiterjubiläum

Chef Finanzen ➔ Mitarbeiter Finanzen

EMG Preller Street · PO Box 392, Unisa · 0003 Nieu Muckelneuk, Pretoria · South Africa

MK/ZJ
25 March 20..

All Staff
Finance Department
EMG

Dear Colleagues

<u>Paula Bentley's Silver Jubilee</u>

On Tuesday, 2 April, Paula Bentley, our Chief Accountant, will have been working for us for 25 years. We would like to congratulate her on this occasion and thank her for her years of outstanding service to the company. Please join us at a staff reception in her honour on 2 April at 11 a.m. in the Multimedia Hall, Room 201.

We hope to see you there.

Yours sincerely

Mike Keller
Finance Department

AUCH ALS E-MAIL GEEIGNET

Einladung zum Sommerfest

Presseabteilung ➔ Mitarbeiter

Sharer
Sporting Goods

5 Blackstone Rd
Pittsburgh, PA 15240
USA

May 26, 20..

AUCH ALS E-MAIL GEEIGNET

All Staff
Sharer Sporting Goods

Annual Summer Festival on July 1

Dear Colleagues:

It is with great pleasure that we invite you to our annual Summer Festival.

When: Saturday, July 1, 20.., 12 noon to 7 p.m.
Where: Huntington Ballpark, 2 Huntington Road

There will be games, activity booths, giveaways, music, food and refreshments, all free of charge.

In addition, we are featuring a staff contest. This year we are offering a grand prize – a VW Beetle - to the staff member who comes up with the best idea for a new ball game. Please submit your entry to the PR department no later than June 26. Good luck to you!

Please bring your family and friends. As ID badges will be obligatory, we do ask you to order name tags for your guests in advance using the enclosed form. The badges will be ready at the entrance to Huntington Ballpark as you arrive.

We look forward to seeing you at the Summer Festival!

Sincerely,

Karen Westphalia

Karen Westphalia
Public Relations

KW:gb

Enc / attachment: Annual Summer Festival Registration Form 20..

Einladung zum Sommerfest

amerikanisches Unternehmen ➔ Kunden

Sharer
Sporting Goods

5 Blackstone Rd
Pittsburgh, PA 15240
USA

May 26, 20..

John Davenport
Purchasing Manager
The Mortimer Company
96 Carnegie Ave.
Pittsburg, PA 15109

Annual Summer Festival on July 1

Dear Mr. Davenport:

Sharer Sporting Goods, Inc. cordially invites you to its

Annual Summer Festival
Saturday, July 1, 20..
12 noon to 7 p.m.
Huntington Ballpark, 2 Huntington Road

There will be games, activity booths, giveaways, and music as well as complimentary food and refreshments.

We hope that you will do us the honor of being our guest. Please let us know whether you can join us.

Sincerely yours,

Karen Westphalia

Karen Westphalia
Public Relations

KW:gb

Enc

Einladung zum Vorstellungsgespräch

Personalleiter ➔ Bewerberin

ABA Outdoor-Equipment

4 White Falls Road
Sault Saint-Marie,
OT PGA 67L
Canada

1 February 20..

Susan Browning
Alte Reichenbacher Str. 35
08532 PLAUEN
Germany

Dear Ms Browning

Your job application of 22 January 20..

Thank you once again for applying to our company and for your patience while we were evaluating the applications.

After reviewing everything thoroughly, we are pleased to say that your application is one of the most interesting we received. We would therefore like to invite you to an interview. We suggest fixing the interview for 10 February at 10 am. Please let me know if this would be convenient for you.

I am enclosing a map and directions on how to get to our company, and I look forward to meeting you.

Yours sincerely

ABA Outdoor Equipment

John Doe

John Doe
Human Resources Department

Enclosure: map with directions

Einladung zum Vorstellungsgespräch

Personalabteilung ➔ Bewerberin

EXEC

Exec Co.
43 Washington Blvd.
Los Angeles, CA 90002
USA

March 4, 20..

Ms. Beate Miele
Abendröthe 8a
57078 SIEGEN
Germany

Your job application of February 13, 20.. for the position of Administrative Assistant

Dear Ms. Miele:

Thank you once more for your job application. After reviewing the applications we received, we are pleased to tell you that you have been selected as one of five candidates for an interview. We will be conducting the interviews on March 10 and 11. Would March 10 at 11 a.m. be a convenient time for you?

Please call me to confirm this appointment, or if you have any questions.

Sincerely yours,

Barbara Crenshaw
Personnel Department

BC:sb

Einladung zur Weihnachtsfeier

Personalleiterin ➔ Mitarbeiter

Sharer
Sporting Goods

5 Blackstone Rd
Pittsburgh, PA 15240
USA

01 October 20..

All Staff
Sharer Sporting Goods

You are warmly invited to attend our Christmas party

Dear all:

It takes a great deal of both individual and collective energy to have a successful year. As 20.. comes to a close, I want to thank all of you for your contributions on behalf of Sharer Sporting Goods.

I'd like to invite you to join me and all of the staff in celebrating our annual Christmas party in the company lounge on December 15 at 3 pm. There will be a buffet and refreshments provided, along with live entertainment.

I look forward to seeing you there.

Best wishes,

Karen Westphalia

Karen Westphalia
Human Resources

KW:gb

Einladung zur Weihnachtsfeier

Kundenbetreuung ➔ Mitarbeiter

THE WOODWARD COMPANY

3 Fox Lane
Brighton
BN32 189
United Kingdom

01 October 20..
DH/ZH

All Staff
The Woodward Company

Dear all

Come to our Christmas celebration!

During the past year, we have had the pleasure of seeing professionalism and growth in all departments. Your excellent work has contributed to our company's success. Thank you! Next year will bring new challenges and opportunities, and we look forward to meeting them with you.

We will be seeing out the old year at a Christmas celebration at our main offices on December 20 from 6 pm. We hope you will join us there for an evening of good spirits.

Best regards

Diane Hudson
Customer Service

Entschuldigung für Lieferverzug (mit Erklärung)

amerikanisches Unternehmen ➔ amerikanische Kundin

Furniture world

875 West 34th St.
New York, N.Y.
10031
USA

June 10, 20..

Ms. Martha Mitchell
709 Park Ave.
New York, N.Y. 10010

Your order for dining room furniture

Dear Ms. Mitchell:

In connection with your order for a dining table, a set of six dining chairs and a sideboard, we unfortunately have to tell you that, owing to circumstances entirely beyond our control, delivery will be delayed by another three weeks. This is due to a bottleneck in production on the part of one of our suppliers.

Please accept our sincere apologies. We regret any inconvenience this delay may have caused you.

As your customer services advisor, I will see to it that your goods are delivered to you without further delay. As soon as the missing pieces arrive in our warehouse, I will get in touch with you and arrange an appointment for delivery at your earliest convenience.

Please do not hesitate to contact me on (97) 56 74 865 if you have any further questions or requirements.

Yours sincerely,
Furniture World

Betty Barton

Betty Barton
Customer Services

BB:lk

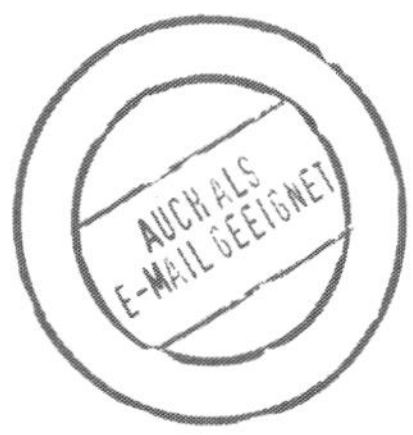

Entschuldigung für Lieferverzug

amerikanisches Unternehmen ➔ amerikanischen Kunden

Dolphin Motors

DOLPHIN MOTORS USA
9200 WHITE LAKE ROAD
WHITELAKE, MI 48386

April 28, 20..

Urgent

Mr. Tim White
Manager
Seaport Resort
Drummond Island, MI 49729

Your order for 6 customized Sun Jet ski boats, dated 1 February

Dear Tim:

This is a brief confirmation of our telephone conversation this morning, in which you inquired about the six customized ski boats you ordered three months ago for delivery by 1 May. I am afraid that there will, unfortunately, be a delay in delivery of about two weeks.

We have been able to clarify the cause for this delay. It seems that the boats were, in fact, built on schedule. However, the engineer responsible for the job became ill just before completion, and was off sick for nearly three weeks, so that work on the boats was discontinued. Unfortunately, this delay could not be alleviated due to a shortage of manpower. In addition, some of the marine paint colors needed for the finishing coat were temporarily out of stock.

We are, however, pleased to say that work on the boats has been completed, and that they are scheduled to be tested tomorrow. We therefore expect them to be ready for dispatch on May 2. The consignment should then reach you by May 12 at the very latest. We will contact you with the details as soon as the boats are en route.

We apologize for the delay and hope that it is not causing you any serious inconvenience. Let me assure you that every effort will be made in future to ensure prompt delivery of your orders. If you want to contact me, please call me on (279) 968-4567.

Sincerely yours,

Eric Zabel

Eric Zabel
Sales Manager

EZ: bd

AUCH ALS E-MAIL GEEIGNET

Entschuldigung für Lieferverzug

Geschäftsführer ➔ Geschäftspartnerin

Blackstone Multimedia Inc

145 East 44th St
New York, NY 10017
USA
Tel.(212) 487-9720
Fax (212) 487-8357
E-mail: longmann@blackstone.com
www.blackstone.com

April 25, 20..

New World Education, Inc
Ms. Amanda Lewis
1267 Connecticut Ave, NW
Washington, DC 20716
USA

Delivery of manuals for 25 AVP-500 audio-vision projectors

Dear Ms. Lewis:

Thank you for your letter of April 17. We apologise for the delay in delivery of owner-manuals that should have accompanied the projectors that were recently delivered to you. Unfortunately, due to an unexpectedly high demand for our AVP-500 projectors we have temporarily run out of printed manuals. We expect the reprinted manuals by the end of the week and will send you the consignment as soon as they arrive. In the meantime, we are sending you the CD version with the full manual text, under separate cover.

I am enclosing a brochure describing the applications of the new AVP-500 multimedia software which we will be introducing shortly.

We apologize for any inconvenience you may have been caused by this delay. We assure you that we will make every effort to fulfil your orders promptly in the future and look forward to the pleasure of serving you again.

Yours sincerely,
Blackstone Multimedia Inc

Alec Longman
Technical Support Manager USA/East Coast

Enclosure: Brochure

Copy: Julia Evans, Managing Director

AL:ah

Genesungswünsche

Vorgesetzter ➔ Mitarbeiterin

ABA
Outdoor-Equipment

4 White Falls Road
Sault Saint-Marie,
OT PGA 67L
Canada

3 May 20..

Magdalena Dukakis
Freemont Blvd.
Sault Saint-Marie, OT PGA 67L

Dear Magdalena

Get well soon!

All of us here at the office were so sorry to hear of your car accident. We are very relieved that you came out of it with relatively light injuries, although you must be feeling very uncomfortable at the moment. We are all hoping that your broken bones will mend quickly, and that you will be on your feet again in a month or two.

Please let us know if there is anything we can do for you. Carrie and I will be visiting you as soon as the doctors give us their O.K.

As far as work is concerned, please do not give it a thought. Concentrate instead on getting well. Mary will be answering your phone and taking care of things as they come up, and Richard Wright has offered to handle any unfinished projects on your desk. We do look forward to having you back in the office, as we miss your smile and your incredible energy. But for now, you mustn't worry about the business side of things.

Our very best wishes for a speedy recovery

John Doe

John Doe
Human Resource Department

Genesungswünsche

Personalleiterin ➔ Mitarbeiterin

EXEC

Exec Co.
43 Washington Blvd.
Los Angeles, CA 90002
USA

February 26, 20..

Cameron Dorian
677 Black Rock Road
LOS ANGELES, CA 90012

Our best wishes for a speedy recovery

Dear Cameron:

We were all distressed to hear that your symptoms have been diagnosed as cancer. Martin says that you've taken the news with a great deal of courage and are doing well and keeping your spirits up. All of us here at Exec are looking forward to your full and quick recovery.

It must be difficult to be away from a job you have put so much energy into, but you need not worry about it. Your clients are being taken care of by Billy and Maria until we find other arrangements. I hope that you will be able to put all of your energy into regaining your health.

Give us a signal when you are ready for phone calls or visits or a game of poker at Mike's! If there is anything we can do to make things easier for you, do let us know. In the meantime, you are very much in our thoughts.

With my very best wishes for healthier days ahead,

Barbara Crenshaw
Personnel Department

BC: sb

Glückwunsch zum 20-jährigen Mitarbeiterjubiläum

Geschäftsführer ➔ Produktbetreuer

EMG

Preller Street · PO Box 392, Unisa · 0003 Nieu Muckelneuk, Pretoria · South Africa

MK/ZJ
18 June 20..

Markus Lange
EMG/Division 3
PO Box 392, Unisa, 0003
NIEU MUCKELNEUK, PRETORIA

Dear Markus

Congratulations!

It's an important day for our company — this is your 20th anniversary at EMG. In the 20 years you've been here, you have gone from entry-level engineer to Product Manager for Division 3 – our fastest-growing business area. For the past 20 years, the company has profited from your tremendous expertise. The time is long since due for us to say a big, special thank you.

Your ability to identify the root cause, and your determination to follow a problem through to its resolution, are exactly what we have needed here and this has provided the framework for everything we do.

The enclosed tickets are a small token to express our heartfelt appreciation for your commitment to excellence that cannot be bought with a paycheck.

Thank you for the past 20 years, Markus. Our future looks bright with you in it.

Best regards

Mike Keller

Mike Keller
General Manager

Enc

Glückwunsch zum 10-jährigen Mitarbeiterjubiläum

Verkaufsteam ➔ Vertreterin

Pear Inc.

85 Third Ave.
Seattle, Washington 98104
USA

1 September 20...

Barbara Coors
405 Ball St., S.E.
SEATTLE, WASHINGTON 98102

Happy Anniversary!

Dear Barbara:

It was ten years ago today that you joined our company. In those ten years, you have become a tremendous asset to our team, contributing your considerable talents and energy to broadening our customer base. We have noticed and appreciated what you have done on behalf of our sales team. Your cheerful smile, your focussed attention, and your unrivalled way of dealing with difficult customers have set the tone for our efforts here in the department.

Please accept the gourmet basket as a token of our gratitude. It's been a pleasure to work with you. We hope you will be with us for many more years, and we will be depending on your special touch in the decade to come.

Best regards from all of us in sales,

Peter Gärtner Kurt Schmidt Klaus Reiter Claus Wilhelm

Glückwunsch, Geburtstag (runder Geburtstag)

Chef ➔ gute Kundin

Indigo
Fashion

59 Upper O'Connell Street
Dublin 1
Ireland

12 May 20..

Ms Susan Browning
Advance Art Agency
34 Doughty Street
DUBLIN 2

Dear Susan

Many happy returns of the day on your 40th birthday!

I'd like to wish you a very happy birthday, as well as health, happiness and success in all you do in the coming year.

A milestone birthday like this might cause other women to panic – but not you! You are the living, breathing proof that people are only as old as they feel. Your natural interest and energetic involvement in the world around you make you years younger. At the same time, the amount of experience you have earned with every passing year has given you a degree of maturity a younger person could not compete with.

These are qualities we value highly. A wise man once said, "Great ideas need landing gear as well as wings." (C.D. Jackson) Your youthful openness and mature wisdom are just what our company needs to bring high-flying ideas safely down to earth. We hope that you will be on our team for many more years.

Please accept this bouquet of flowers from all of us as a sign of our warm gratitude.

Best wishes

Frederic Provost
General Manager

Glückwunsch, Geburtstag (runder Geburtstag)

Chef ➔ Geschäftspartner

EGO
Systemhaus GmbH

EGO Systemhaus GmbH
Postfach 3856, 69121 Heidelberg
Tel.: 06221 789-01, Fax: 06221 789-02
www.egosystemhaus.de
E-Mail: info@egosystemhaus.de

December 15, 20..

USA Logistics, Inc.
Mr Julio Fernandez
2368 Rodeo Drive
SEATTLE, WASHINGTON 98124
USA

Happy Birthday to you, Julio!

50 years – half a century – that's really something to celebrate.

Although many of us worry about getting older, it does have quite a few positive things going for it, including the wisdom of experience. In the words of Muhammad Ali, „The man who views the world at 50, the same as he did at 20, has wasted 30 years of his life.“

You have certainly not wasted your time, successfully coping with the many changes in the transportation business over the years and establishing your company on the international market. This has made you the knowledgeable and experienced partner we have come to rely on and trust.

In addition, you have recently remarried – proving, once again, that you are only as old as you feel!

I know that you are also a racing fan, an interest the two of us share. I have therefore enclosed a book on Michael Schumacher and his Formula 1 career, as a birthday gift to you.

Let me wish you the best of health and well-being so that you can continue to enjoy the fruits of your labour for many years to come.

Yours sincerely,

Wilfried Senger

Wilfried Senger
General Manager

Gratulation zur Hochzeit

Kollegen ➔ Kollegin

Indigo
Fashion

59 Upper O'Connell Street
Dublin 1
Ireland

2 June 20..

Ms Susan Bingham
34 Beatley Street
DUBLIN 2

Dear Susan

Congratulations!

We are delighted to hear that you have tied the knot during your holiday, and would like to send you our heartfelt congratulations.

Your husband is a very lucky man to have found a wife like you. We are, of course, all eager to meet him when you get back from your honeymoon in Hawaii.

Best wishes from everyone at the office.

Gratulation zur Verlobung

Kollegen ➔ Kollegin und Partner

Paragon Electronics

902 Hill Rd
Birmingham
B56 51R
UK

3 February 20..

Barbara Michel and Jeff Coors
70 Lover's Lane
BIRMINGHAM
B76 76A

To the happy couple

Congratulations on your engagement!

Over the years we have come to know you as supportive, hardworking, sensible yet fun loving individuals. As a couple you'll be unbeatable!

We wish you all the happiness in the world.

With much love and best wishes

M. Cordes

Kondolenzbrief, Geschäftspartner verstorben

Vorstand ➔ Witwe des verstorbenen Geschäftspartners

AERO industries

79 Kaplan Pike · Melbourne · VIC 3031 · Australia

10 November 20..

Mrs. Laura Miller
87 Trout St.
MELBOURNE
VIC 3201

Dear Mrs Miller

I was so sorry to hear of your husband's death after his long and courageous battle with cancer.

Over the many years we worked together I came to know and cherish your husband as a business partner. He was an outstanding businessman, able to hold his ground even in the most difficult situations. His friendly manner, fine sense of humour and generosity made a deep impression on all of those who were fortunate enough to work with him. We will sorely miss him, both from a personal and from a professional standpoint.

Please accept my heartfelt condolences to you at this difficult time.

In sympathy
Aero Industries

Wilbur Marshall
CEO

Kondolenzbrief, Ehefrau eines Geschäftsfreundes gestorben

amerikanischer Chef ➔ Geschäftsfreund

Pear
Inc.

85 Third Ave.
Seattle, Washington 98104
USA

June 2, 20..

Mr. Julio Fernandez
405 Ball St., S.E.
Seattle, Washington 98102

Dear Julio:

I have just heard that your dear wife has passed away, and am deeply saddened by the news. She was one of those truly gracious individuals who make life so much more pleasant for everyone around her. I know how close the two of you were, and how much you valued her positive approach to life.

I can only hope that your years of happiness and your many good memories will help you get through the grief of the coming days.

Let me express my deepest sympathy on your great loss.

Sincerely yours,

Bill Jones
Director

Mitteilungen, hausintern (mit Anweisungen)

Sicherheitschef ➔ Mitarbeiter

Bigelow Bank
76 Mary Street
Oxford
OX2 6TF
UK

MEMO

To:	All Staff
From:	Omar Gat, Security
Subject:	Lock on Emergency Exit
Date:	2 December 20..

Recently we have discovered on numerous occasions that the Emergency Exit door leading to the fire escape and balcony has remained unlocked. It has come to our attention that this exit is used by a large number of employees to go outside to smoke on the balcony. The unlocked door is a major security hazard. While smoking on the balcony is currently allowed, please make sure that you lock the door behind you when you reenter the building.

If the situation does not improve, smoking on the balcony will be prohibited.

Mitteilungen, hausintern (mit Bitte um Rückmeldung)

Personalabteilung ➔ Mitarbeiter

BestBuys

896 Raja Mahartaman
Jakarta 12190
Indonesia

MEMO

To:	All Staff
From:	Petra Mueller, Human Resources
Subject:	Training Course SAP/X Module 1
Date:	17 February 20..

We are offering two courses for SAP/X Module 1. All staff in Purchasing and Sales are invited to attend. As all operations will run using SAP starting 1 June, this course is mandatory for anyone who has not already taken it in the past.
Please choose between the following two courses:

Course SAP/X-1 A 4-5 April and 11-12 April, 8-12 a.m.
Course SAP/X-1 B 17-18 April and 24-25 April, 2-6 p.m.
Please register using the attached form, no later than 15 March.

Registration Form

- ❐ Course SAP/X-1 A 4-5 April and 11-12 April, 8-12 a.m.
- ❐ Course SAP/X-1 B 17-18 April and 24-25 April, 2-6 p.m.
- ❐ I have already attended a course for SAP/X-1

Name ____

Department ____

Account ____

Neujahrsgrüße

Geschäftsführerin ➔ Geschäftspartner

Kulturbüro Köln
Am Alten Turm 1
51107 Köln
Tel + 49 221 334-0
Fax. + 49 221 334-67

FP/GH
2 January 20...

Advance Art Agency
Benjamin Cobb, Director
Lindsay House
LONDON
TR4 2WS
GROSSBRITANNIEN

Dear Mr Cobb

Happy New Year!

Once again a New Year is upon us. I hope you found a few days of peace and quiet over the holidays to relax and recuperate from the workload of the pre-Christmas season.

Let me take this opportunity to congratulate you on your company's highly successful business development over the past year. We were so happy to hear that you were able to do very well indeed, in spite of the generally difficult situation on the market. Not many agencies would have managed to overcome the odds as well as you did under these circumstances. You have every right to take great pride in your substantial achievements.

I wish you and all of your staff continued success and growth in the upcoming year. I look forward to co-operating on the many projects we have planned together.

In addition, I would like to convey to you and your family my very best wishes, with health and happiness in the year to come.

Yours sincerely
Kulturbüro Köln

Frederike Provost
Director

Neujahrsgrüße

Geschäftsführer ➔ Geschäftsspartnerin

Phillip Goodall and Sons

72 Arlington Road · Wilmington, NC 28401 · USA

January 2, 20...

Maria Mueller, D.P.H.
Medical Consulting
79 Walnut Raod,
Wilmington, NC 27189

All the best for the New Year

Dear Dr. Mueller:

It is that time of year again. Your annual accounts should soon be completed, and you will be putting the workload they cause behind you. For all of us, this is a time to look back over the past year with its ups and downs, and to have a close look at the bottom line. How has our business developed? Are we satisfied with the results?

We trust that now, at the beginning of the New Year, you have set your sights on new and promising goals, and that you are looking forward to the coming year, full of drive and optimism. I have no doubts that you will succeed fully at whatever you set out to achieve, as I have always admired the way you master true challenges even when the going gets tough.

On behalf of our company I would like to thank you for our successful co-operation during the past year. I do hope that we will be working closely together again this year. You may count on us remaining loyal and reliable business partners. I also look forward to making strategic plans with you this year that will give both our companies an outlook beyond the projects we are currently working on together.

Let me also wish you and your family the very best, with health and good fortune in the upcoming year

Best wishes,

Phillip Goodall

Phillip Goodall
CEO

PG/sf

Personalwechsel (New Managing Director)

Geschäftsführung ➔ Geschäftspartner

Bigelow Bank
76 Mary Street
Oxford
OX2 6TF
United Kingdom

BB/lk
10 October 20..

Paragon Electronics
Mr Jasper jackson
Managing Director
902 Hill Rd
BIRMINGHAM
B56 51R

Dear Mr Jackson

Changes in Management

As of 1 January 20.. Bigelow Bank will be under new management. Dr Julius Hancock, our esteemed Managing Director of 16 years, will be retiring at the end of this year. His leadership and guidance have been a great boon for Bigelow Bank. On the occasion of his well-deserved retirement, we look back on his career with enormous gratitude.

We are pleased to announce that his successor will be Dr Douglas Pauling, our highly respected, long-standing Chief Financial Officer. There will also be several changes in senior management. We are enclosing profiles of all our executive directors for your information. Should you have any questions, we shall be more than happy to assist you.

These changes will, of course, not prevent us from upholding the standards of excellence you have come to rely on.

Please join us in welcoming Dr Pauling and our new senior management at a reception at our main offices on 10 January 20.. at 6 pm. We would be honoured by your presence.

Yours sincerely
Bigelow Bank

Betty Barton
Corporate Communications

Enc

Personalwechsel

Geschäftsführung ➔ Mitarbeiter

Furniture world

875 West 34th St.
New York, N.Y.
10031
USA

October 10, 20..

INTERNAL MEMO

Subject: Change in Management

To all members of staff:

As you may know, our CEO, Jefferson McDowell, will be leaving our firm as of December 31, 20..

In his nine years of distinguished service as our helmsman, he led our company to become one of the most respected in the country. His vision helped us win the coveted Award for Excellence from Architectural Digest last year. This achievement crowned a career of 17 years with our company, both here and in our offices in L.A.

Mr. McDowell has now accepted the position of CEO with Office World, our business partner specializing in office furniture. Although we will miss him, we wish him every success in this exciting new position.

This move has been planned for a long time, and management is well-prepared for Mr McDowell's succession. He will be replaced by Dr. Anita Bishop, currently our COO, effective 1 January.

We would like to invite you to join us in seeing Mr. McDowell off and welcoming Dr. Bishop at a reception on 12 December at 10 a.m. on the 6th floor of the main building. For further information about the reception, please contact Ms. Margery Welsh, Mr. McDowell's assistant, on extension 869.

Best wishes,
Furniture World

Johanna Armbruster
Corporate Communications

JA:ak

Ruhestand, Verabschiedung

Geschäftsführer ➔ Abteilungsleiterin Controlling

Phillip Goodall and Sons

72 Arlington Road · Wilmington, NC 28401 · USA

October 10, 20...

Betty Warner
761 Dupont Drive
Wilmington, NC 28402

Congratulations on your retirement

Dear Betty:

Saying goodbye to you is a bitter-sweet occasion for us here at the company. You certainly deserve retirement after your many years of invaluable service to Phillip Goodall and Sons. There is, however, no doubt that we will sorely miss you here when you retire.

It's been over 22 years since you began working for this company. When you started here, long before I joined my father's company, Phillip Goodall and Sons was still quite small. From your first job as an entrance level accountant, you were promoted three years later to head the accounting department. On your initiative the company introduced new controlling systems and improved accounting procedures. Over the years, as our head of controlling, your expertise became more and more instrumental to the growing success of the firm. This was particularly vital as we prepared our IPO and expanded overseas. I remember in particular how wisely you advised management regarding the Fuji venture. Your initiative and drive, as well as your foresight in planning, is something we have all come to rely on.

Thank you for the care you have taken during the past months to tie up loose ends and to train your successor and the team in preparation for your retirement, to secure continuity after your departure. This is further evidence of your indefatigable dedication to the company's well-being, for which we are all most grateful.

We thought long and hard about what we could do to show our appreciation. Remembering your love of Italian opera, we have decided to present you with a voucher for a flight to Verona and a ticket to this summer's production of "Aida". We hope you have a wonderful trip.

With my very best wishes for the coming years,
Cordially,

Phillip Goodall

Phillip Goodall, Jr.
CEO

PG:ZT

Ruhestand, Verabschiedung

Geschäftsführer ➔ Leiter Personalabteilung

ABA Outdoor-Equipment

4 White Falls Road
Sault Saint-Marie,
OT PGA 67L
Canada

JD/ZH
24 October 20...

Jack Redding
PO Box 2571 Black Hills Lane
Peekaboo Bay, OT PBW 87K

Dear Jack

My warmest congratulations on your last day of work at ABA.

After 30 years with the company, your retirement is certainly well-deserved. Your departure will mark the end of an era, both for yourself and for us. For yourself, as you give up work and look forward to finally having more time for your many interests and your family. For us, as a younger generation takes on new challenges in human resources management, much as you did when you began here in the 1970s.

Particularly in this era of change, your clear sense of priorities, fairness and consistency in applying policies, as well as your diplomatic skills will be sorely missed.

I needn't tell you how popular you have been with your direct subordinates. Always mindful of staff development, you promoted and supported your team without ever losing the perspective of the whole company's welfare. Under your leadership, the Human Resources Department became as modern as any in the country – a feat we are all very proud of.

Your organisational skills and your analytical thinking have directly contributed time and again to the bottom line. ABA is clearly a much better company because of your efforts.

I am particularly grateful to you for our close personal co-operation. I have always been able to count on you to make necessary, if sometimes unpopular, decisions.

It will be impossible to replace your unique qualities and talents, but I'm pleased you now have the opportunity to enjoy a well-deserved rest.

Now new horizons await you – this time in the physical sense of the word. As you prepare for your trip around the world in your yacht, we hope you will be able to use this set of state-of-the-art maps and mapping tools to chart your way across the seas.

Best wishes

ABA Outdoor Equipment

John Doe
Managing Director

Terminbestätigung

Produktmanagerin ➔ Geschäftsführer

Bigelow Bank
76 Mary Street
Oxford
OX2 6TF
United Kingdom

BB/lk
10 February 20..

Paragon Electronics
902 Hill Rd
BIRMINGHAM
B56 51R

Attn: Mr Jasper Jackson
Managing Director

Dear Mr Jackson

Confirmation of my visit

Thank you very much for your enquiry.

Your suggested time for my visit, on 17 February 20.. at 2 pm, will fit in very well with my plans. I will bring with me samples of the articles you have requested.

I look forward to finally meeting you in person.

Yours sincerely
Bigelow Bank

Betty Barton
Product Manager

Terminbestätigung

Geschäftsführer ➔ Vorstand

SpeedMAXX

Mercedesstraße 35
50823 Köln

Telefon: 0221 9874-32
Telefax: 0221 9874-36

E-Mail:
info@speedmaxx.de

January 23, 20..

Maria Mueller, D.P.H.
Medical Consulting
79 Walnut Road,
WILMINGTON, NC 27189
USA

Meeting confirmation

Dear Dr. Mueller:

I am glad we have managed to find time to meet up the week after next, despite both having very full diaries!

To make things easier for you on February 3 I enclose a rough map of Munich which shows you how to get to us. We agreed to meet at 2 pm.

I look forward to a constructive discussion and to hearing your ideas.

Yours sincerely,

Claus Wilhelm
Managing Director

CW:ZT

Urlaub, Abwesenheit, Betriebsferien

Servicecenter ➔ Kunden

EMG

Preller Street · PO Box 392, Unisa · 0003 Nieu Muckelneuk, Pretoria · South Africa

MK/ZJ
22 November 20..

Bolton's
Babock Lane 87, Meweniew, 0122
Nieu Muckelneuk, Pretoria

Attn: Michael Johnston, Purchasing

Dear Mr. Johnston

Christmas holiday closure

This is to advise you that our service center will be closing for the Christmas holidays from 25 December to 1 January, inclusive.

Should you have any queries during this time, please feel free to call our telephone hotline on 77 88 99. Our friendly agents will be happy to register your questions, and our service staff will respond to them promptly on returning.

We wish you the best Season's Greetings and look forward to serving you again in the New Year.

Yours sincerely

Mike Keller
Order Processing

Urlaub, Abwesenheit, Betriebsferien

Vertrieb ➔ Kunden

Phillip Goodall and Sons

72 Arlington Road · Wilmington, NC 28401 · USA

June 1, 20...

Morton's Pharmacy
28 Nazareth Road,
Wilmington, NC 20139

Summer closure and order deadline

Dear Customer:

We wish to inform you that our warehouse will be closing from Monday, July 3 through Friday, July 7 for our annual summer vacation. We regret that there will be no delivery service during this period.

To ensure that you receive any ordered goods before the closure, we ask that you place your orders by June 30 at the latest. If you wish to receive early delivery of your standing orders, i.e. before rather than after the closure, please notify us before the given date so that we dispatch the goods in time.

Thank you for your cooperation.

Sincerely,

Phillip Goodall
CEO

PG: ZT: gf

Weihnachtsbrief

Kundenbetreuerin ➔ Kundin

THE WOODWARD COMPANY

3 Fox Lane
Brighton
B32 189
United Kingdom

DH/ZH
20 December 20..

Miss Maria Bangladeshi
89 Prentice Road
New Delhi 110067
India

Dear Miss Bangladeshi

Your continued customer satisfaction in 20.. is our Christmas wish

Christmas is a time not just for wishes and presents but also for thanks.

As we at the Woodward Company look back over the past year, we remember with appreciation our faithful customers. You have relied on our customer service for many years. We are glad you keep coming back to us - it motivates us, and we take pride in it. Thank you!

Our Christmas wish for this year is that you will continue to be as happy with our services in the years ahead as you have been up till now.

We would like to wish both you, Miss Bangladeshi, and your family, a very Merry Christmas and a Happy New Year.

Yours sincerely
The Woodward Company

Diane Hudson
Customer Service

PS: We enclose a small gift package for you and your family.

Weihnachtsbrief

Kundenbetreuerin ➔ Geschäftspartner

Mobiltransport AG

Mobiltransport AG
Pirnaer Straße 56
08172 Dresden

AS/TH
15 December 20..

European Fruit Company
UK Office
5 Ashley Road
Mr Marco Simmone – Logistics
Boscombe
BOURNEMOUTH
BH2 6AU
GROSSBRITANNIEN

Dear Marco

To start the New Year off right, we at Mobiltransport would like to express our warmest appreciation for your patronage over the past year. Our mutual cooperation has been very much to our satisfaction, and we are very pleased to have been able to offer you reliable service. I hope that the coming year will be as prosperous and successful for you as the last one was.

You will find enclosed a token of our appreciation, an original porcelain creation from Meissen.

Let me wish you and your dear ones much peace, health and happiness in this holiday season and the year to come.

Yours sincerely

Andy Stadler

Andy Stadler
Customer Services

Weihnachtsbrief

Kundenbetreuerin ➔ Geschäftspartnerin

Furniture world

875 West 34th St.
New York,
N.Y. 10031
USA

December 15, 20..

Ms. Martha Mitchell
709 Park Ave.
NEW YORK, N.Y. 10010

Dear Ms. Mitchell:

Christmas is a time for thanks. As we look back over the past year, we remember with gratitude our faithful customers. You have relied on our products and services for many years, and your trust gives us a sense of accomplishment. Thank you for coming back to us again and again!

We would like to wish you and your family a very Merry Christmas and a Happy New Year. Please find enclosed a small gift package, including samples from our new line of home decorations, as a token of our warm appreciation.

Sincerely,
Furniture World

Betty Barton
Customer Services

Weihnachtsbrief

Geschäftsführer ➔ Geschäftspartner

AERO industries

79 Kaplan Pike · Melbourne · VIC 3031 · Australia

WM/SD
10 December 20..

Dolphin Motors USA
Eric Zabel
Sales Manager
9200 White Lake Road
WHITELAKE, MI 48386
USA

Dear Mr Zabel

It has been a prosperous and successful year for us, and we owe a big part of that success to customers such as yourself.

On behalf of all of the staff here, we want to thank you for the trust you have placed in our products and services in the past year.

To celebrate the season, we have put together a Christmas package for you, which we hope you will enjoy.

We send you best wishes for a most refreshing Christmas season, and look forward to expanding our mutually beneficial relationship in the New Year.

Yours sincerely
Aero Industries

Wilbur Marshall
CEO

Zahlungserinnerung
italienischer Weinexporteur ➔ britischen Kunden

European Wine Exports

Piazza di Spagna
Via Del Baduino 172
00187 Roma
Italia

BM/RF
29 September 20..

Mr Jim Brown
57 McDermott Drive
EDINBURGH
EH9 6ZH
GRAN BRETAGNA

Dear Mr Brown

Statement Account Number 68754

According to our records, our invoice of 29 August for 24 cases of Prosecco has not been settled. The enclosed copy shows an outstanding balance of € 1,625.35.

We would be very grateful if you would remit the amount in question in the next few days. I am enclosing a bank transfer form for your convenience.

Yours sincerely
European Wine Exports

Bella Marconi

Bella Marconi
Sales

Encs: Copy invoice
Bank transfer form

Zahlungserinnerung

Vertriebsleiterin ➔ britischen Kunden

DDT Ltd · 4 Birch Street East
Manchester
M15 8BT
United Kingdom

DDT

MS/DF
1 September 20..

URGENT

Mr Franco Minnelli
708 Linden Road
MANCHESTER
M76 9MX

Dear Mr Minnelli

Invoice no. 783977 dated 12 July 20..

The above-mentioned invoice for € 2,678.95 has not been paid. We enclose a copy for your convenience.

Unfortunately, we have received neither a remittance nor any indication of why payment has not been forthcoming.

Should the order not have been handled to your complete satisfaction, please let us know.

We very much hope that this matter will be settled swiftly, and that the amount due is paid without further delay.

We look forward to your comments.

Yours sincerely
DDT Ltd

Mary Simmons

Mary Simmons
Sales

Enc: Copy invoice

Zeugnis Chefsekretärin

Genetics International

Michael Hammond, M.D.
General Manager
Riedstr. 23 · 80201 München
Tel.: +49 89 787-654 · Fax: +49 89 787-612
E-Mail: michael.hammond@genetics-international.com

20 June 20.. (BE)
June 20, 20.. (AE)

To Whom It May Concern

Letter of Recommendation

Ms Jessica Valdez has been employed as an executive secretary by Genetics International for the past four years. She joined the company just after it began as a small startup and has seen it through to emerge as a major player in the field of genetics.

In addition to the regular functions of taking dictation, typing and general office routine, her duties include scheduling and arranging meetings with our international department heads. This included setting up the agenda and taking minutes, making travel arrangements and handling correspondence. She assisted in developing a concept for corporate communications and is responsible for the distribution of information in our network. This task includes maintaining the calendar for upcoming conferences, and announcing presentations by delegations from our company. In addition, Ms Valdez keeps our organogram up-to-date and oversees our library of print magazines.

Ms Valdez has an excellent command of English, which is the language used in most of our company operations, and is thoroughly familiar with both business terminology and the technical language of our field in both English and her native German. She is conscientious and remarkably efficient, highly motivated and ready to take the initiative, and has always performed her work to our utmost satisfaction, even under extreme pressure. She is lively and has a great sense of humor, and she is well liked by her colleagues.

Recently I have been able to witness her loyalty to the firm and strength of character as we were forced to make a large number of staff redundant due to a major business realignment. In the course of these unfortunate developments, and in view of the company's uncertain prospects for the coming year, she has asked me to write this letter of recommendation. Should Ms Valdez choose to leave our company, it will be at her own request. I shall regret her departure and wish her the best for her future career.

Genetics International

Michael Hammond

Michael Hammond, M.D.
General Manager

Zeugnis Teamassistentin

Excelon
IT Solutions

Martha Madden

Business Line Travel
Bachstraße 7
04109 Leipzig

12 March 20.. (BE)
March 12, 20.. (AE)

To Whom It May Concern

Letter of Recommendation

Ms Karen Kleinschmidt joined our company in February 20.. as a temporary office assistant in the marketing department, where she helped in arranging our stand at various trade fairs. She also joined our team at several fairs. She was taken under full contract as a general Team Assistant to our business three months later. After an in-house training course in Microsoft Office products, she developed and researched a customer database which has profoundly improved our communications. As well as keeping the database up-to-date, her tasks include assisting the team in writing texts for offers and in preparing presentations, coordinating meetings and travel itineraries, and taking care of visitors. She also does our filing and handles routine correspondence.

Ms Kleinschmidt is conscientious and has always performed her work in a most commendable way. Owing to her outgoing personality, her helpful nature and her cheerful manner, she is very well liked by all of our team.

Ms Kleinschmidt has a good command of English from a year spent in the USA during high school. She wishes to expand on this experience by finding employment abroad in an English-speaking country. She is therefore leaving our company at her own request, much to our regret. I can recommend her without hesitation for any task in which she can apply her interpersonal skills to support a young team. Should you have any questions concerning Ms Kleinschmidt, please call me on +49 87 76 66 60 945.

Excelon IT Solutions

Martha Madden

Martha Madden
Business Line Travel

Zwischenbescheid, Bewerbung

kanadisches Unternehmen ➔ deutsche Bewerberin

ABA
Outdoor-Equipment

4 White Falls Road
Sault Saint-Marie,
OT PGA 67L
Canada

JD/BH
4 October 20..

Susan Browning
Alte Reichenbacher Straße 35
08532 PLAUEN
Germany

Dear Ms Browning

Your job application of 22 September 20..

Thank you very much for your application.

Our advertisement has invited a far greater response than we had expected. We will therefore need some time to review all of the applications thoroughly and make an evaluation.
We expect to be able to let you know in about four weeks' time whether or not you will be invited for an interview, and ask for your patience until then.

Yours sincerely
ABA Outdoor Equipment

John Doe
Human Resource Department

Zwischenbescheid, Bewerbung

amerikanisches Unternehmen ➔ deutsche Bewerberin

EXEC

Exec Co.
43 Washington Blvd.
Los Angeles, CA 90002
USA

February 26, 20..

Ms. Beate Miele
Abendröthe 8a
57078 SIEGEN
Germany

Your job application of February 13, 20.. for the position of Administrative Assistant

Dear Ms Miele:

Thank you for your job application. We have received a very large number of applications for this position and will need some time to evaluate them all carefully.

It will take us about 3 weeks to review the applications. We will then be inviting five applicants for an interview. Should you be among those selected, we will contact you to arrange a convenient time.

If you have any questions about our procedure, please call me at (906) 492-1652.

Sincerely yours,

Barbara Crenshaw
Personnel Department

BC: sb

Abkürzungen
Grafschaften in England und Wales . . . 6
Staaten in den USA . . . 14

Abmahnung
Beispielbrief . . . 90, 91
Ein- und Ausstiegssätze . . . 23

Absage
bereits zugesagt, Beispielbrief . . . 58
Bewerbung, Beispielbrief . . . 94, 95
Einladung, Beispielbrief . . . 55
Ein- und Ausstiegssätze . . . 23
Geschäftstermin, Beispielbrief . . . 92, 93

Adresse
amerikanische Geschäftsbriefe . . . 12
britische Geschäftsbriefe . . . 4

Anfrage
Ein- und Ausstiegssätze . . . 24

Angebot
Ein- und Ausstiegssätze . . . 25

Anlagevermerk
amerikanische Geschäftsbriefe . . . 19
britische Geschäftsbriefe . . . 11

Anrede
amerikanische Geschäftsbriefe . . . 16
Frauen . . . 16
Titel . . . 16
britische Geschäftsbriefe . . . 8
Frauen . . . 8
Titel . . . 9
USA . . . 75

Anrede-Gruß-Kombination
amerikanische Geschäftsbriefe . . . 17
britische Geschäftsbriefe . . . 10
internationale Korrespondenz . . . 18

Anruf
Ein- und Ausstiegssätze . . . 26

Anrufer
ungeduldige . . . 68
unterbrechen . . . 69
Namen in Windeseile herausbekommen . . . 87

Anschrift
britische Geschäftsbriefe . . . 8

Antwort
allgemein
Ein- und Ausstiegssätze . . . 26
auf Anfrage
Ein- und Ausstiegssätze . . . 25
auf Angebot
Ein- und Ausstiegssätze . . . 25

Auftragsbestätigung
Ein- und Ausstiegssätze . . . 26
Großbritannien, Beispielbrief . . . 96
USA, Beispielbrief . . . 97

Auskunft
Ein- und Ausstiegssätze . . . 27

beenden
Telefongespräche . . . 71

Begleitschreiben
Beispielbrief . . . 98, 99
Ein- und Ausstiegssätze . . . 27

Begrüßung
Ein- und Ausstiegssätze . . . 28
USA . . . 75

Beispielbriefe
Abmahnung
Leiter Export an Mitarbeiterin im Ausland . . . 90
Leiter Export an Mitarbeiter . . . 91
Absage Geschäftstermin, Terminüberschneidung
Chef an Geschäftspartner in London . . . 92
Absage Geschäftstermin, kurzfristige Vorstandssitzung
Chef an Geschäftspartner in London . . . 93
Absage auf Bewerbungen
Personalabteilung an Bewerber . . . 94, 95
Auftragsbestätigung, ausführlich . . . 98
Auftragsbestätigung nach Großbritannien
Mitarbeiterin Einkauf an britisches Unternehmen . . . 96
Auftragsbestätigung in die USA
Mitarbeiterin Einkauf an amerikanisches Unternehmen . . . 97
Begleitschreiben, Prospekt & Geschäftsbericht
Marketingleiterin an Kunde . . . 99
Begleitschreiben, Katalog & Preisliste (nach Anfrage)
Vertrieb an Kundin . . . 100
Beschwerdebrief, bei einer Fluggesellschaft
Sekretärin an Fluggesellschaft . . . 102
Beschwerdebrief, nach Veranstaltung
Sekretärin an Hotel in Großbritannien . . . 101
Bewerbung, Assistentin-Teamassistentin USA, Resumé . . . 103
Bewerbung, Chefsekretärin-Personal Assistant GB, Curriculum Vitae 104
Bewerbung, Initiativbewerbung, Assistentin: Begleitbrief . . . 105
Bewerbung, Chefsekretärin auf Stellenanzeige, GB . . . 106
Danksagung, persönliches Weihnachtsgeschenk
Chef an amerikanischen Geschäftspartner . . . 107
Danksagung, Dankschreiben für ein Weihnachtsgeschenk
Chefin an britischen Geschäftspartner . . . 108
Dankschreiben, Weihnachtsgeschenk
Verkaufsleiterin an Geschäftspartner . . . 109
Verkaufsleiterin an Kunde . . . 110
Einladung zum Jubiläum, 50. Firmenjubiläum
amerikanischer Vorstand an amerikanischen Geschäftspartner 111
Einladung zum Jubiläum, 25-jähriges Mitarbeiterjubiläum
Chef Finanzen an Mitarbeiter Finanzen . . . 112
Einladungen zum Sommerfest
Presseabteilung an Mitarbeiter . . . 113
amerikanisches Unternehmen an Kunden . . . 114
Einladung zum Vorstellungsgespräch
Personalleiter an Bewerberin . . . 115
Personalabteilung an Bewerberin . . . 116
Einladung zur Weihnachtsfeier
Personalleiterin an Mitarbeiter . . . 117
Kundenbetreuung an Mitarbeiter . . . 118
Entschuldigung für Lieferverzug (mit Erklärung)
amerikanisches Unternehmen an amerikanische Kundin . . . 119
Entschuldigung für Lieferverzug
amerikanisches Unternehmen an amerikanischen Kunden . . 120
Geschäftsführer an Geschäftspartnerin . . . 121
Genesungswünsche
Vorgesetzter an Mitarbeiterin . . . 122
Personalleiterin an Mitarbeiterin . . . 123
Glückwunsch zum 20-jährigen Mitarbeiterjubiläum
General Manager an Produktbetreuer . . . 124
Glückwunsch zum 10-jährigen Mitarbeiterjubiläum
Verkaufsteam an Vertreter . . . 125
Glückwunsch, Geburtstag (runder Geburtstag)
Chef an gute Kundin . . . 126
Chef an Geschäftspartner . . . 127
Gratulation zur Hochzeit
Kollegen an Kollegin . . . 128
Gratulation zur Verlobung
Kollegen an Kollegin und Partner . . . 129
Kondolenzbrief, Geschäftspartner verstorben
Vorstand an Witwe des verstorbenen Geschäftspartners . . . 130
Kondolenzbrief, Ehefrau eines Geschäftsfreundes verstorben
amerikanischer Chef an Geschäftsfreund . . . 131
Mitteilung, hausintern (mit Anweisung)
Sicherheitschef an Mitarbeiter . . . 132

Mitteilung, hausintern (mit Bitte um Rückmeldung)
Personalabteilung an Mitarbeiter . . . 133
Neujahrsgrüße
Geschäftsführerin an Geschäftspartner . . . 134
Geschäftsführer an Geschäftspartnerin . . . 135
Personalwechsel (New Managing Director)
Geschäftsführung an Geschäftspartner . . . 136
Personalwechsel
Geschäftsführung an Mitarbeiter . . . 137
Ruhestand, Verabschiedung
Geschäftsführer an Abteilungsleiterin Controlling . . . 138
Geschäftsführer an Leiter Personalabteilung . . . 139
Terminbestätigung
Produktmanagerin an Geschäftsführer . . . 140
Geschäftsführer an Vorstand . . . 141
Urlaub, Abwesenheit, Betriebsferien
Servicecenter an Kunden . . . 142
Vertrieb an Kunden . . . 143
Weihnachtsbriefe an Kunden . . . 144–147
Zahlungserinnerung
italienischer Weinexporteuer an britischen Kunden . . . 148
an britischen Kunden . . . 149
Zeugnis
Chefsekretärin . . . 150
Teamassistentin . . . 151
Zwischenbescheid, Bewerbung
kanadisches Unternehmen an deutsch-amerikanische Bewerberin . . . 152
amerkanisches Unternehmen an deutsche Bewerberin . . . 153

Beratung
Ein- und Ausstiegssätze . . . 28

Berufsbezeichnungen . . . 83

Beschwerde
Ein- und Ausstiegssätze . . . 28
Telefon . . . 70

Beschwerdebrief
an Fluggesellschaft, Beispielbrief . . . 101
an Hotel, Beispielbrief . . . 100

Bestätigung
Ein- und Ausstiegssätze . . . 29

Bestätigung, Kündigung
Ein- und Ausstiegssätze . . . 30

Bestellung
Ein- und Ausstiegssätze . . . 30

Betreffzeile
amerikanische Geschäftsbriefe . . . 19
britische Geschäftsbriefe . . . 10

Bewerbungen
Anschreiben Chefsekretärin, Beispielbrief . . . 105
Assistentin-Teamassistentin (USA), Beispielbrief . . . 102
Chefsekretärin (GB), Beispielbrief . . . 103
Initiativbewerbung Assistentin, Beispielbrief . . . 104

Bezugszeichen
amerikanische Geschäftsbriefe . . . 14
britische Geschäftsbriefe . . . 7

Bitte
Ein- und Ausstiegssätze . . . 30

Briefkopf . . .
britische Geschäftsbriefe . . . 4

Briefstruktur, britische Geschäftsbriefe
Anlagevermerk . . . 11
Anrede . . . 8
Anschrift . . . 8
Beispiel . . . 5
Betreffzeile . . . 10
Bezugszeichen . . . 7
Briefkopf . . . 4
Datum . . . 7
Firma . . . 4
Grußformel . . . 9
Unterschrift . . . 4
Verteiler . . . 11

Brieftext
formelle Elemente . . . 11

britische Geschäftsbriefe
Adresse . . . 4
Briefkopf . . . 4
Gesamtform . . . 4
Musterbrief für Großbritannien . . . 5
Musterbrief für USA . . . 13

Buchstabieralphabete . . . 87

buchstabieren, international
Telefon . . . 72

Business-Lunch USA . . . 75

Dank
Ein- und Ausstiegssätze . . . 31

Danksagung
persönliches Weihnachtsgeschenk, Beispielbrief . . . 106
Weihnachtsgeschenk, Beispielbrief . . . 107
Weihnachtsgeschenke, Beispielbrief . . . 108, 109

Datum
amerikanische Geschäftsbriefe . . . 15
britische Geschäftsbriefe . . . 7

Einladung
25-jähriges Mitarbeiterjubiläum, Beispielbrief . . . 113
50. Firmenjubiläum, Beispielbrief . . . 112
Absage, Beispielbrief . . . 55, 58
Ein- und Ausstiegssätze . . . 32
formelle Einladung, Beispielbrief . . . 54
Kick-off-Meeting, Beispielbrief . . . 59
Messe, Beispielbrief . . . 56
Sommerfest, Beispielbrief . . . 115
Tagung, Beispielbrief . . . 57
USA . . . 75
Vorstellungsgespräch, Beispielbrief . . . 116, 117
Weihnachtsfeier, Beispielbrief . . . 118, 119

Entgegenkommen
Ein- und Ausstiegssätze . . . 33

Entschuldigung
Ein- und Ausstiegssätze . . . 33
Lieferverzögerung, Beispielbrief . . . 120, 121

Eröffnung einer neuen Filiale
Einladung, Beispielbrief . . . 54

Fahrenheit . . . 85

Fehlerquellen
Telefon . . . 72
Termine . . . 62

formelle Elemente
amerikanische Geschäftsbriefe . . . 19
britische Geschäftsbriefe . . . 11

Fragen
Ein- und Ausstiegssätze . . . 34

Gastgeschenke
Großbritannien . . . 82
USA . . . 76

Geburtstag
Ein- und Ausstiegssätze . . . 34
runder Geburtstag, Beispielbrief . . . 126, 127

Genesung
Ein- und Ausstiegssätze . . . 34

Genesungswünsche
Beispielbrief . . . 122, 123

Geschäftsauflösung
Ein- und Ausstiegssätze . . . 35

Geschäftsbriefe
Absage auf eine Einladung zur Eröffnung einer Filiale . . . 55
Absage einer bereits zugesagten Einladung . . . 58
Ankündigung einer Geschäftsreise . . . 60
Einladung eines Geschäftspartners zum Kick-off-Meeting . . . 59
Einladung zu einer Messe mit Faxantwort . . . 56
Einladung zu einer Tagung . . . 57
Formelle Einladung zur Eröffnung einer neuen Filiale . . . 54
Zimmerreservierung . . . 61

Geschäftseröffnung
Ein- und Ausstiegssätze . . . 35

Geschäftsreise
Beispielbrief . . . 60

Geschenk
Ein- und Ausstiegssätze . . . 36

Gespräch
Ein- und Ausstiegssätze . . . 36

Glückwünsche
10-jähriges Mitarbeiterjubiläum, Beispielbrief . . . 125
20-jähriges Mitarbeiterjubiläum, Beispielbrief . . . 124

Gratulation
Ein- und Ausstiegssätze . . . 37
Hochzeit, Beispielbrief . . . 128
Verlobung, Beispielbrief . . . 129

Großbritannien-Knigge
Gastgeschenke . . . 82
Körperabstand . . . 82
Pünktlichkeit . . . 82

Grußformel
britische Geschäftsbriefe . . . 9

Gute Nachrichten
Ein- und Ausstiegssätze . . . 37

Hochzeit
Ein- und Ausstiegssätze . . . 37
Gratulation, Beispielbrief . . . 128

international buchstabieren . . . 72

Jahresanfang
Ein- und Ausstiegssätze . . . 38

Jubiläum
Ein- und Ausstiegssätze . . . 38
25-jähriges Mitarbeiterjubiläum, Beispielbrief . . . 113
50. Firmenjubiläum, Beispielbrief . . . 112

Kartengrüße . . . 76

Kick-off-Meeting
Einladung, Beispielbrief . . . 59

Kleidung . . . 77

Knigge
Großbritannien . . . 82
USA . . . 74

Kondolenz
Ein- und Ausstiegssätze . . . 39
an Witwe, Beispielbrief . . . 130
an Witwer, Beispielbrief . . . 131

Konflikt
Ein- und Ausstiegssätze . . . 39

Kopien
amerikanische Geschäftsbriefe . . . 19
britische Geschäftsbriefe . . . 11

Kündigung
Ein- und Ausstiegssätze . . . 40

Lieferschwierigkeiten
Ein- und Ausstiegssätze . . . 40
Beispielbrief . . . 120, 121

Mahnung
Ein- und Ausstiegssätze . . . 41

Mängelrüge
Ein- und Ausstiegssätze . . . 42

Maßeinheiten . . . 85

Messe
Einladung, Beispielbrief . . . 56

Mitarbeiterjubiläum
Beispielbrief . . . 124, 125

Mitteilungen
hausintern, Beispielbrief . . . 132, 133

Nachfrage
Ein- und Ausstiegssätze . . . 42

Nachlieferung
Ein- und Ausstiegssätze . . . 43

Neujahrsgrüße
Beispielbrief . . . 134, 135

Personalwechsel
Beispielbrief . . . 136, 137

Präpositionen . . . 62

Pünktlichkeit
Großbritannien . . . 82
USA . . . 77

Rauchen in den USA . . . 77

Rechtschreibung
Unterschiede der britischen und amerikanischen Rechtschreibung . . 63

Referenz
Ein- und Ausstiegssätze . . . 43

Restaurantbesuch . . . 78

Ruhestand
Verabschiedung, Beispielbrief . . . 138, 139

Schlechte Nachrichten
Ein- und Ausstiegssätze . . . 43

Schreibfehler, Entschuldigung
Ein- und Ausstiegssätze . . . 44

Seminarbestätigung
Ein- und Ausstiegssätze . . . 44

Service
Ein- und Ausstiegssätze ... 44
Sie-Ansprache ... 17
Smalltalk
Telefon ... 65
USA ... 79
Spendenanfrage
Ein- und Ausstiegssätze ... 45
Tagung
Einladung, Beispielbrief ... 57
Telefongespräche
beenden ... 71
Beschwerden ... 70
buchstabieren ... 72
Fehlerquellen ... 72
melden ... 64
Namen erfragen ... 66
selber anrufen ... 64
undeutliches Sprechen ... 71
Smalltalk ... 65
ungeduldige Anrufer ... 68
wichtiges Vokabular ... 73
Telefonnummern
amerikanische Geschäftsbriefe ... 14
britische Geschäftsbriefe ... 6
Temperatur-Umrechnung ... 85
Terminbestätigung
Beispielbrief ... 140, 141
Termine vereinbaren ... 52
Fehlerquellen ... 62
formelles Englisch ... 53
Präpositionen ... 62
Telefon ... 69
Terminverschiebung
Ein- und Ausstiegssätze ... 46
Tischsitten ... 79
Titel britische Geschäftsbriefe ... 8
Übersicht ... 9
USA ... 80
Trinkgeld ... 80
Umzug
Ein- und Ausstiegssätze ... 46
undeutliches Sprechen ... 71
ungeduldige Anrufer ... 68
Unterschiede der britischen und amerikanischen Rechtschreibung ... 63
Unterschrift
britische Geschäftsbriefe ... 4
Urlaub
Betriebsferien, Beispielbrief ... 142, 143
USA-Knigge
Anrede ... 74
Begrüßung ... 75
Einladungen, privat ... 75
Gastgeschenke ... 76
Kartengrüße ... 76
Kleidung ... 77
Pünktlichkeit ... 77
Rauchen ... 77
Restaurantbesuch ... 78
Schlangestehen ... 74
Smalltalk ... 79
Tischsitten ... 79
Trinkgeld ... 80
Vorstellung ... 81
Verlobung
Gratulation, Beispielbrief ... 129
Verspätung
Ein- und Ausstiegssätze ... 47
Verteiler
amerikanische Geschäftsbriefe ... 19
britische Geschäftsbriefe ... 11
Visum ... 89
Vokabular, Telefon ... 73
Vorstellung
Ein- und Ausstiegssätze ... 48
USA ... 81
Vorstellungsgespräch
Ein- und Ausstiegssätze ... 48
Einladung, Beispielbrief ... 116, 117
Vorstellungsschreiben
Ein- und Ausstiegssätze ... 49
Wechselkurse ... 86
Weihnachtsfeier
Einladung, Beispielbrief ... 118, 119
Weihnachtsgeschenke
Dankschreiben, Beispielbrief ... 108, 109
Weihnachtsgruß
an Geschäftspartner, Beispielbrief ... 144, 145
an Kunde ... 146, 147
Ein- und Ausstiegssätze ... 49
Weltzeitzonen ... 88
Werbebrief
Ein- und Ausstiegssätze ... 49
Zahlungseingang
Ein- und Ausstiegssätze ... 50
Zahlungserinnerung
britische Kunden, Beispielbrief ... 148, 149
Zeugnis
Chefsekretärin ... 150
Teamassistentin ... 151
Zimmerreservierung
Beispielbrief ... 61
Zusage
Ein- und Ausstiegssätze ... 50
Zusammenarbeit
Ein- und Ausstiegssätze ... 51
Zustellungsvermerk
amerikanische Geschäftsbriefe ... 15
Übersicht ... 15
britische Geschäftsbriefe ... 7
Übersicht ... 8
Zwischenbescheid
Bewerbung, Beispielbrief ... 152, 153
Ein- und Ausstiegssätze ... 51

Für Ihre Notizen